図解

最新研究でここまでわかった

日本史人物通説のウソ

日本史の謎検証委員会 編

彩図社

はじめに

歴史常識は、この数十年で大きく変化している。新史料の発見や新たな史料解釈によって、当たり前だと思われていた数々の通説が否定された。そうして、新たな歴史常識が支持を集めるようになったのだ。教科書に載る有名な人物の評価が一変するケースも、昨今では珍しくはない。

たとえば、家臣に厳しく隙のない性格だったとされる**織田信長**は、実は**裏切られても処罰の甘い、お人好し**でもあった。我慢強いイメージのある**徳川家康**も、**短気で怒りやすく部下にあたる**ことがしばしばあり、関ヶ原の戦いのときにもその傾向はあらわれていた。

歴史の影に埋もれた人物を再評価する動きも、近年は活発だ。日本初の女帝である**推古（すいこ）天皇**は、有力者に実権を握られた中継ぎの天皇だという評価が一般的だったが、実際には**有力豪族が認める政治力の高い人物**だったことが明らかにされた。また、人よりも犬を優遇したと評価が芳（かんば）しくなかった**徳川綱吉**も、社会福祉を実現し、**戦国時代から続く荒々しい気風を変えるきっかけをつくった**として、見方が変わってきている。

本書ではこのような、歴史上の人物をめぐる新常識を解説していく。

第一章では、**人物像にまつわる新常識**を取り上げる。言動や性格など、歴史人物の個性にかかわる新常識を集めた。取り上げるのは、信長や家康ら戦国武将のほか、西郷隆盛、大久保利通、坂本龍馬といった勤王の志士など、知名度の高い人々である。

第二章で取り上げるのは、**陰謀と戦乱にまつわる新常識**だ。蘇我馬子（そがのうまこ）の独断で崇峻（すしゅん）天皇が暗殺されたのは本当なのか、平家滅亡の立役者である源義経が兄頼朝と対立したのは後白河（ごしらかわ）上皇の策略のせいなのか、島原の乱の首謀者が天草四郎というのは事実なのか、といった疑問に答えていく。

最後の第三章では、**政治の世界における新常識**を取り上げる。聖徳太子、豊臣秀吉、徳川吉宗、勝海舟などの政治的実績は、実は近年大きく評価が変わっている。教科書で習った解釈とは異なる、意外な新解釈を知ることができるはずだ。

今回紹介した異説・新説のほかにも、多くの説が存在する。今後の研究によって、新たな解釈が生まれることもあるだろう。本書がそうしたさまざまな解釈に興味を持ってもらうきっかけになれば、編者にとってこの上ない喜びである。

もくじ

第一章

人物像にまつわるウソ

01 織田信長にまつわるウソ

通説 信長は家臣に厳しく隙のない性格だった

真相 裏切られても処罰の甘いお人好しだった

▼当主就任直後に裏切られる

身分の低い者も実力で成り上がることのできる下剋上（げこくじょう）の時代。裏切りや謀反が頻繁に起き、同盟相手が手のひらを返すことも珍しくなかった。主君であっても、家臣団がふさわしくないとみなせば、代替わりを求めてクーデターを起こすこともあった。

そんな時代にあって、**最も臣下たちに裏切られた戦国大名のひとりが、意外なことに織田信長である。**

信長は天文（てんぶん）21年（1552）頃に家督を継ぐが、**筆頭家老である林秀貞（はやしひでさだ）は、信長が当主にふさわしくないと考えていた。**そこで翌年、信長の弟・信勝（のぶかつ）を当主に据えようと、林は信勝付きの武将・柴田勝家（しばたかついえ）らとともに挙兵している（信長が勝利）。そんな裏切り行為にもかかわらず、母のとりなしを受けた信長は、三者を赦免している。

信長に反旗を翻した柴田勝家。挙兵後も筆頭家老として織田家の実力者であり続けた（『国史画帖 大和櫻』国会図書館所蔵）

勢力拡大後も、信長は裏切りによって窮地に立たされた。元亀（げんき）元年（1570）、信長の妹お市（いち）を正室に迎えていた同盟相手の浅井長政（あざいながまさ）が、背後から急襲してきたのだ。長政の同盟相手である朝倉（あさくら）家を信長が攻めたことに反発して起こした行動だった。木下（豊臣）秀吉や明智光秀の活躍で難を逃れたが、京へ戻ったときにはわずか10人の兵しか残っていなかったという。

▼裏切られても処罰は甘い

京帰還後も、信長は家臣の**松永久秀の謀反**に遭っている。**しかも2度**もだ。1度目は元亀3年（1572）、15代将軍・足利義昭に付いて信長に反旗を翻した。謀反は失敗したが、信長は久秀を許し、織田家の一員に迎えている。それでも天正5年（1577）には、久秀は石山本願寺攻めの途中で離脱し、居城に籠った。目的は、反抗勢力に呼応して信長を討つことだ。

ここに至っても、信長の対応は甘かった。驚いて使者を遣わし、謀反の理由を聞こうとしたのだ。久秀が使者との面会を拒絶したことで、仕方なく大軍を差し向け城を包囲したものの、久秀の持つ名器「平蜘蛛茶釜」を差し出せば赦すと、信長は譲歩した。しかし久秀は従わず、平蜘蛛茶釜を破壊して天守に火を放ち、自害した。

その他、武田信玄も、織田家との同盟を破って駿河国（静岡県）や三河国（愛知県東部）へ進軍しているし、天正6年（1578）には播磨国の別所氏を攻めていた荒木村重が信長に敵対。天正10年（1582）には、本能寺の変によって光秀に裏切られ、命を落としている。

大和国で勢力を拡大した松永久秀。信長に敗れ臣従するが、2度裏切っている

本能寺の変を描いた錦絵。右側には明智軍の安田国継に攻撃される信長がみえる（「本能寺焼討之図（部分）」）

▼人を信用しすぎた信長

「天才的な改革者」というイメージとは程遠い実像だが、なぜ信長に対する裏切りはこれほど相次いだのだろうか？

その一因として、**信長は人を信用しすぎた**、という説がある。尾張の小大名だった織田家にとって、領地の保護や拡大には優秀な人材が必要不可欠。人材を活用するためには、志願者を信用しなければならない。これが信長の抜擢人事につながり成果を収めるわけだが、一方で自分が信用するので相手も信じてくれる、という独善的な感覚が芽生えていたのでは、と考える研究者もいる。

加えて、**信長は人の意見を聞き入れない独断主義者**だ。そうした性格から、「自分が家臣や同盟相手を信用しているのだから、相手も自分を信用しているだろう」と思って、裏切りを警戒していなかったのではないだろうか。稀代の英傑・織田信長であっても、良好な人間関係を築くのは苦手だったのかもしれない。

02 徳川家康にまつわるウソ

通説 家康は我慢強く根気のある性格だった

真相 短気で怒りやすく部下にあたることも

▼関ヶ原の戦いでもイライラ

関ヶ原の戦いで石田三成を、大坂の陣で豊臣家を倒して天下人となった**徳川家康**。そんな家康に対して、「忍耐強く狡猾な戦略で豊臣家から政権を奪った古狸」をイメージする人もいるだろう。確かに、関ヶ原の戦いでは西軍を工作して小早川秀秋らを寝返らせるなど、慎重な性格だったように見える。

しかし、そうした人物像は、家康の神格化が進んだ江戸時代以降に広まったものだ。**同時代の史料に目を向けると、忍耐強いというイメージとは逆に気が短く、思い通りに事が進まず家臣に八つ当たりする姿が、浮かび上がってくる**のである。

若い頃に武田信玄の挑発に乗って三方ヶ原で大敗したことは有名だが、晩年に起きた関ヶ原の戦いにおいても、気の短さを窺わせるエピソードが残っている。

関ヶ原の戦いの最中、伝令兵が家康の乗る馬に誤って接触すると、家康は怒って伝令兵に斬りかかった。伝令兵は謝罪して任務に戻ったが、**怒り狂った家康は刀を振り回し続けていた**という。

小早川秀秋の裏切り工作の最中も、家康は思い通りにいかず落ちつかなかったよう

小早川秀秋。関ヶ原の戦いで東軍に裏切る手はずだったが、何度使者を送っても傍観する秀秋に、家康は苛立ちを隠せなかったという（模本／東京大学史料編纂所所蔵）

だ。寝返る予定だった小早川が動かないことに苛立ち、家臣が諫めるまで爪を噛み続けたという。その後も芳しくない状況に苛立ちを隠せず、ついには苦戦する味方への憤りで、後方に控えておくべき本隊を前線へ進ませる失態まで犯している。

戦場以外に目を転じても、似たような話がある。薬の研究に熱心なあまり医者の忠告を無視していたし（自身に忠告した医者を追放処分にしている）、着物の新調を勧めただけの女中を叱り飛ばすなど、質素倹約というよりはかなりケチな性格だった。

▼神格化される家康像

では、なぜ家康は短所が隠され、「完璧な名君」として語られるようになったのか。それは、**幕府の支配を安定させるため**である。17世紀半ば頃まで、世は戦国の気風を色濃く残しており、東北の伊達や加賀の前田など、徳川の天下を脅かす勢力は少なくなかった。そこで家康は、大坂の陣で豊臣家を滅ぼすと、徳川家の権力を強化すると同時に、自らを神格化して人心掌握を図ることを計画する。元和2年（1616）に死去すると、関八州の守護神にせよ、という遺言に従い、「東照大権現」として祀られた。翌年には2代秀忠によって家康を祭神とする日光東照宮が造営されている。

そして神格化の流れは、**3代家光による東照宮の増築**により、さらに推し進められた。これにより、家康は関八州から日本全土の神へと位置付けられる。それだけではない。家康を崇敬する家光は、諸大名に対して東照宮を自国領に造立するよう勧めてまわった。その甲斐もあり、全国に500を超える東照宮が建立され、家康を神とみなす価値観が広がっていった。

さらに、庶民層への統制も徹底された。出版・言論の自由を許さなかった幕府は、家康を批判する出版物を次々に規制。内容が事実であっても、将軍家の威厳を傷つけるとして、幕府は厳罰をもって対処した。

こうした幕府の神格化政策と出版統制によって、「神君家康公」のイメージは根付いていったのである。

日光東照宮を増築した3代家光。お守り袋に「家康と心も体もひとつ」と書いた紙を入れるなど、家康を崇敬していた（模本／東京大学史料編纂所所蔵）

明治時代に描かれた日光東照宮。家光は家康の21回忌の年にあたる寛永13年（1636）に向けて東照宮を整備した（「日光山両社真景」東京都立図書館所蔵）

03 石田三成にまつわるウソ

通説 石田三成は家康と険悪な関係だった

真相 私怨を抱くほど深いつきあいはなかった

▼険悪ではなかった家康との仲

秀吉亡き後の豊臣家維持に奔走する**石田三成**が、野心をあらわにする家康と感情的に対立し、ついに関ヶ原で対決した――。

関ヶ原の戦いに至るまでの経緯を、こんなふうにイメージしていないだろうか。確かにドラマや小説ではおなじみの展開だが、このイメージは、江戸時代の創作物に基づいている。史実はもっと地味で、両者は特段親しいわけではないものの、**表面上、無難なつきあいをしていたようだ**。

例えば慶長4年（1599）9月、家康が大坂へ赴いたとき、三成は自分と兄の邸宅を宿代わりに提供している。また、前田利長が家康暗殺を企てているという疑惑が浮上すると、**三成は徳川に護衛用の兵を送っている**。家康にしても、三成が豊臣恩顧の武将との諍いで謹慎すると、三成の息子の重家を登用して、豊臣政権内のバランスをとっている。

両者とも事を荒立てたくなかっただけかもしれないが、感情的に対立していたのなら、わざわざ互いを庇いはしないだろう。

富山県高岡市にある前田利長像。利長は五奉行（奉行衆）の浅野長政らと家康暗殺を計画したという疑惑がもたれた。この疑惑は謀略だったともいわれる

▼三成以外も排除する家康

そもそも**家康の狙いは、豊臣政権の実力者を排除すること**だった。三成は豊臣政権の政務を担う、奉行衆の筆頭格。家康が排除を目論むのは当然の成り行きだ。三成失脚後は前田利長を暗殺未遂疑惑で、宇喜多秀家を家中の騒動を原因に排斥。奉行衆の浅野長政は謹慎中で、さらには大老上杉家にも難癖をつけるなど、家康は逆らう可能性のある有力者を次々と排除していた。

それでも三成ばかりが家康と険悪だったと思われがちなのは、三成が関ヶ原の戦いで西軍を実質的に指揮したことが一因だろう。江戸時代には家康と三成の感情的な対立を強調する書籍が刊行され、そのイメージは補強されていった。

奉行衆の浅野長政。前田利長とともに家康暗殺を企てたと疑われて謹慎に。長政、三成をのぞく3人の奉行衆は家康に組していた（模本／東京大学史料編纂所所蔵）

▼三成と上杉が共謀していた？

三成と家康の関係に関する誤解は、まだある。三成が会津の**上杉景勝**と盟約を結んで家康を討とうとした、という共謀説はその代表である。

まず、上杉が会津まで徳川軍をおびき寄せる。その隙に三成は京を押さえつつ挙兵。徳川軍を会津と京から挟撃する。これが、共謀説のあらましだ。

三成が、上杉討伐を機に挙兵したのは事実である。それに、共謀説を裏付けるかのような史料もある。延宝8年（1680）に成立した『続武者物語』に掲載されている、三成が上杉家家老の直江兼続に宛てた書状だ。そこに「家康は伏見を出馬し、かねての作戦が思うとおりになり、天の与えた好機と満足しています」「私も油断なく戦いの準備をいたします」とあるのだ。

上杉景勝の腹心である直江兼続。上杉家の勢力を削ぐために家康は会津に兵を差し向けたが、三成挙兵を知ると軍を引き返し、関ヶ原にて三成軍と衝突した（『集古十種』国会図書館所蔵）

だが現在、両者が事前に提携していた可能性は極めて低いと考えられている。

まず、『続武者物語』は武将にまつわる逸話を集めた書物で、脚色が著しい。同書に登場する三成の書状は原本が確認できておらず、偽文書と見られている。

それに、原本が残る三成真筆の手紙を読むと、共謀説が間違っていることは明らかだ。三成は関ヶ原の戦いが起こる約1カ月前に、真田昌幸に景勝の説得を依頼する手紙を出している。出兵と三成との連携を、昌幸を介して依頼したのだ。つまり、**三成は景勝と直接交渉できる立場になかった。**

この手紙が出された時期には、家康は三成の挙兵を知り、西軍の討伐に向かっていた。景勝も出羽国（山形県）で東軍に与する最上義光と伊達政宗の連合軍との戦いを優先しており、三成の挙兵に応じる余裕はなかった。そのため、景勝は三成の出兵要請に応じていない。これでは、密約があったとは考えにくいだろう。

04 伊達政宗にまつわるウソ

通説 政宗は眼帯をつけて独眼竜と呼ばれた

真相 眼帯姿は大河ドラマの影響で広まった

▼独眼竜は政宗死後の呼び名

伊達政宗は、**刀の鍔の眼帯姿**で描かれることが多い。そのイメージは、こんなエピソードに基づいている。

天然痘にかかった幼少期の政宗は、失明して飛び出た片目を恥じて引きこもっていた。そんな様子をみかねた側近の片倉小十郎は、小刀で政宗の片目を切除し、鍔の眼帯を与えた。これによって政宗は活発さを取り戻し、奥州を席巻する名将に成長。周辺大名から「**独眼竜**」といわれて畏怖された――。

「眼帯姿の独眼竜」は、ドラマをはじめあらゆるメディアでおなじみの姿になっているが、実は史実ではない。完全に後世の創作なのだ。

まず、政宗が周辺大名から「独眼竜」と呼ばれた、という説について。政宗にこの呼び名が使われるのは、江戸時代の後期から。政宗が死んで200年近く経ってからである。

「独眼竜」は元々、中国の五代十国時代に活躍した武将、李克用の異名だ。文化人・**頼山陽**が片目の視力が悪かった李克用になぞらえ、漢詩の中で政宗を独眼竜になぞらえた。これ以前から政宗を独眼竜と結びつける考えがあったという説もあるが、政宗＝独眼竜のイメージが世間に広く知られるようになったのは、頼山陽の影響だと考えられている。

▼眼帯は時代劇が生み出した

トレードマークでもある眼帯に関しては、**昭和の時代劇の影響**で広まった、つい最近のイメージにすぎない。

　政宗が刀の鍔の眼帯をつけていたという情報は、戦国時代どころか、江戸時代の史料にも記されていない。明治時代以降、政宗を題材にした娯楽作品が数多く作られるようになるなかで、創作されたイメージである。

　昭和17年（1942）に制作された時代劇映画『獨眼龍政宗』で、初めて眼帯姿の伊達政宗が登場した。しかしこのときは眼帯イメージは定着せず、80年代初期までは、政宗は片目の目蓋を閉じた姿で描かれることが多かった。

　こうした状況が大きく変化したのが、**昭和62年（1987）のNHK大河ドラマ「独眼竜政宗」**放映後だ。当初は役者の目蓋を糊で閉じる予定だったが、負担が大きすぎるとして眼帯を採用することになった。その後、ドラマが記録的にヒットしたことで、「政宗＝眼帯をつけた独眼竜」というイメージが定着していったと考えられている。


江戸時代後期の文化人・頼山陽。漢詩「多賀城瓦硯歌」において政宗を念頭に独眼竜の用語を使用した（模本／東京大学史料編纂所所蔵）

▼発掘調査でわかった真実

　政宗の片目摘出エピソードに似た話は、仙台藩が後世に編纂した史料にも載っている。だが発掘調査の結果、政宗が病で片目を失明したのは事実であるものの、眼球を失ったわけではないことがわかった。昭和49年（1974）の発掘調査では、**政宗の頭蓋骨から手術の痕は発見されなかったのだ。**

　ならば、本物の政宗はどんな容貌をしていたのだろうか。その手がかりは、宮城県の瑞巌寺に保管される政宗像にある。

　政宗の遺言に従って目が黒く描かれた他の肖像とは違い、正室が作らせたという瑞巌寺の甲冑像は、右目が白く濁っている。生前の姿を最も忠実に再現した木像といわれるので、これが政宗本来の容貌だと考えられる。

　また、佐竹家などの記録には「白い布で目を覆っていた」とも記されている。面子を重んじたのか、来客の前では右目を隠すことも、あったのかもしれない。

瑞巌寺の政宗像を模写した図。刀の鍔の眼帯はつけていない。右目が白く濁っているのがわかる（東京大学史料編纂所所蔵）

05 宮本武蔵にまつわるウソ

通説 武蔵は生涯無敗の剣豪だった

真相 戦歴は自己申告で確実な勝利は多くない

▼脚色だらけの宮本武蔵

二刀流を駆使して幾多の強豪と戦った**宮本武蔵**。歴史小説をはじめ多くの媒体で取り上げられてきたため、知らない人はいないだろう。巌流島（がんりゅうじま）における佐々木小次郎との決闘は、特に有名である。

だがその知名度とは裏腹に、宮本武蔵には謎が多い。信頼性のある史料が少ないため、実像がよくわかっていないのだ。**武蔵に関するエピソードの多くは、脚色されているといっていい。**

例えば、武蔵は60戦無敗だったとされてきたが、この数字は自己申告で、確実に戦ったとわかる戦いは、数試合しかない。

武蔵の有名な戦いの一つに、**吉岡一派との決闘**がある。吉岡一派は、京都一の兵法集団と呼ばれた強敵だ。この強敵に、武名を上げようと若き日の武蔵は挑んだ。1度目の戦いで吉岡清十郎（せいじゅうろう）に一撃で勝利し、2度目の戦いでは弟の伝七郎に勝利。3度目は、門弟数百人をひとりで撃退したという。

だが、吉岡側の『吉岡伝』では結末が異なる。武蔵は激闘の末に眉間を打たれて敗北。伝七郎との試合はボイコットしたと同書は伝えている。身内びいきの可能性もあるが、この記録よりも前に、武蔵と清十郎は決着がつかず引き分けに終わったと記す史料（江戸中期の兵法家・日夏繁高（ひなつしげたか）がまとめた『武芸小伝（ぶげいしょうでん）』）もある。あながち誤りではないかもしれない。

▼巌流島に遅刻していない？

さらに武蔵が佐々木小次郎に勝利した巌流島の戦いにしても、経緯や勝ち方については諸説ある。広く知られているのは、「遅刻した武蔵が小次郎の頭を木刀で殴り倒した」という筋書だが、武蔵に関する史料は、多くが死後に書かれたものだ。信頼性が高い史料は少なく、情報量も少ない。戦いの実態は、残念ながら謎に包まれている。

武蔵が遅刻したという話は、18世紀後半に兵法家の豊田景英（かげひで）がまとめた『二天記』（にてんき）が出典だ。この史料は脚色が多く、信憑性が高いとはいえない。比較的信頼が置けそうなのは、武蔵の養子伊織（いおり）が17世紀半ばに作ったという**小倉碑文**（こくらひぶん）だ。現存する史料のなかで一番古い。ここには、遅刻のことは記されておらず、**両者は同時に到着した**とある。ただ、石碑の情報は限られていて、詳しいことは不明である。

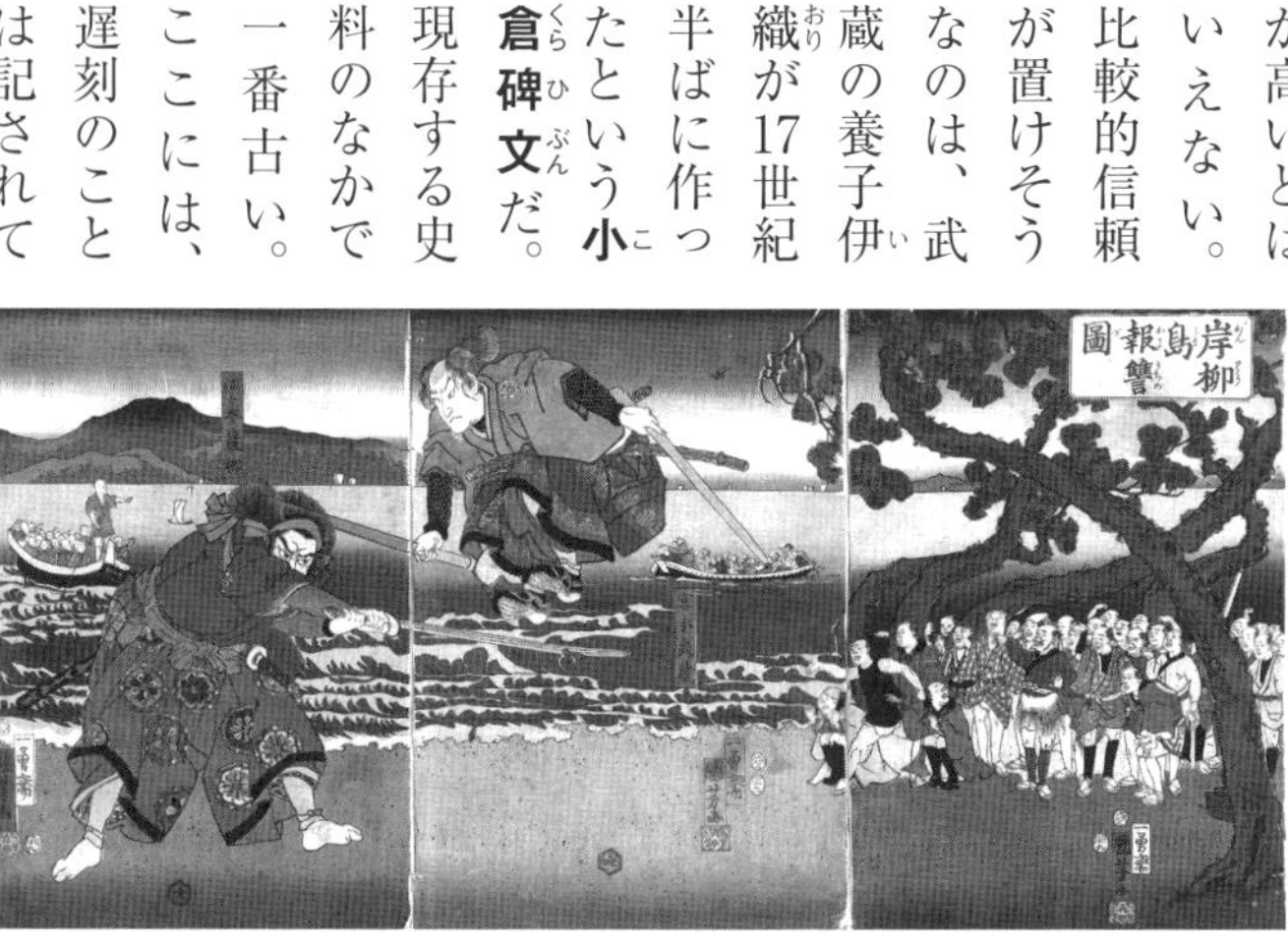

巌流島の戦い。二刀流の飛び上がっている剣士が武蔵（歌川国芳「岸柳島報讐図（部分）」）

少し時代が下った史料には、また別の記述がみられる。１７００年代に兵法家の立花峯均（たちばなみねひら）がまとめた武蔵の伝記に基づけば、先に島へ到着したのは小次郎ではなく武蔵だったという。細川藩の立会人や決闘を聞きつけた見物人も、大勢殺到していたとされる。ただ、全体的に脚色が指摘されている史料であるため、評価は分かれている。

▼弟子たちが小次郎をリンチ？

また、武蔵だけでなく**小次郎にも謎が多い**。美青年として描かれることが多いが、史料によって年齢はバラバラで、18歳の青年から60代の老人として描くものもある。

福岡県の小倉にある小倉碑文。承応３年（1654）の建立。高さ 4.5 メートル

そんな年齢不詳の人物と武蔵はいかに戦ったのか？　寛文（かんぶん）12年（１６７２）に細川藩家老・沼田延元（ぬまたのぶもと）の記録をまとめた『沼田家記』（ぬまたけき）には、興味深い記述がある。**小次郎を殺したのは武蔵ではなく、武蔵の弟子たちだった**というのだ。

巌流島の戦いは、武蔵と小次郎双方の弟子の口論が始まりだという。決闘は一対一で行うことに決まった。武蔵は小次郎を気絶させ、戦いに勝利した。すると、島に潜んでいた武蔵の弟子たちが、小次郎をなぶり殺しにしたという。これを知った小次郎の弟子たちは、約束を破った武蔵へ復讐を画策。そこで武蔵は延元を頼り、細川藩の客将になったのだという。

『沼田家記』は武蔵の死から27年後に書かれたものだが、沼田家の家伝としてまとめられているため、武蔵を贔屓する理由はない。信憑性は高いといえる。

弟子を島にひそませていたということは、負けそうになったら彼らの協力を仰ごうと考えていた可能性がある。大剣豪というよりは、策略に長けた世渡り上手だったのかもしれない。

06 ペリーにまつわるウソ

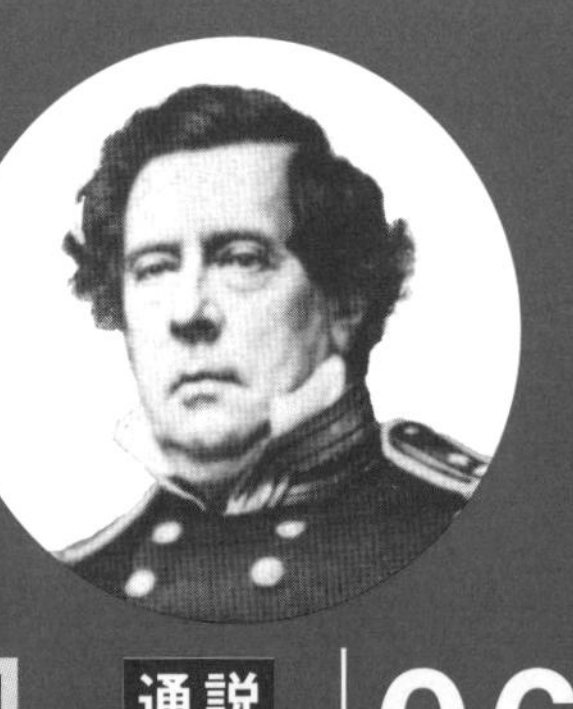

通説
武力行使も辞さない好戦的な性格だった

真相
強硬な態度で交渉にいどむ作戦だった

▼戦略的だったペリーの恫喝

嘉永6年（1853）6月、日本の浦賀に突如4隻の艦船が出現した。いわゆる黒船来航である。アメリカ合衆国海軍東インド艦隊が、日本に開国を迫ってきた。

アメリカ船の来航は初めてではなかったが、黒船来航が特別視されるのは、艦隊指揮官の**マシュー・ペリー**が、軍事行使すら辞さない強気の態度をとったからだろう。

ペリーは幕府に無断で江戸湾を測量し、国書の受け取りを拒否すれば武力行使も辞さないと浦賀奉行を脅迫。さらには江戸城に向けて空砲を放っている。

こうした攻撃的な態度から、「ペリーは粗野で好戦的な人物だ」という印象を持つ方もいるだろう。確かに、ペリーが武力を背景に日本を開国させたことは事実だし、琉球占領を視野に入れるなど、手荒な手段も考えていた。大統領から「交渉はできる限り穏便に」と命令を受けていたにもかかわらず、ペリーは日本を恫喝している。

しかし**実際にペリーが武力に訴える可能性は、極めて低かった**。軍事的威圧は、西洋諸国が過去に重ねた失敗を踏まえて考え出した戦略だったからだ。

▼武器使用を禁じていた

ペリーが日本を訪れる50年以上前から、欧米諸国は開国を求めて日本近海にやってきていた。しかし、幕府は態度を軟化させはしたものの、外国船を警戒して要求をのもうとはしなかった。そこでペリーは、**イギリスの軍事的圧力に屈した清国のケースを参考に、武力を盾に日本を脅して要求を**

のませようとしたのである。空砲などで威嚇したものの、乗組員には日本側が危害を加えない限りは武器の使用を禁じている。

ペリーがそこまでして日本の開国を急いだのは、**太平洋におけるアメリカの影響力を強めるため**だと考えられる。中国市場へ向かう商船や太平洋で活動する捕鯨船にとって、日本は絶好の中継地点だった。アジア交易でイギリスやフランスに後れをとっていたアメリカからすれば、日本開国というアドバンテージを両国にとられることは、避けたかった。だからこそペリーは、アメリカの手で交渉を成功させるため、強硬な手段を選んだと考えられる。

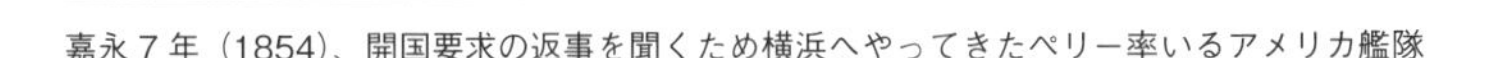
嘉永７年（1854)、開国要求の返事を聞くため横浜へやってきたペリー率いるアメリカ艦隊

▼奴隷解放運動に熱心なペリー

ペリーは当時の西洋人と同じく、西洋＝文明国、日本＝半文明国という認識を持っていた。そのため人種的な偏見を持っていると思われることがあるが、実はアメリカにおいて、**ペリーは黒人奴隷の解放運動に力を入れていた**。

ペリーが20代の頃、アメリカでは奴隷制が崩壊し、黒人奴隷をアフリカに返還しようという運動が活発化していた。ペリーはこれに賛同し、自ら船団を指揮して黒人をアフリカへと送り届けている。このとき造られた町が、現在のリベリアである。同国では今でも、ペリーは建国の立役者として尊敬されているという。

その後はメキシコ戦争に従軍して功績を残し、アメリカの勝利に貢献。占領地の民政でも手腕を発揮した。このような功績を認められたからこそ、日本への使者という大役に選ばれたのである。

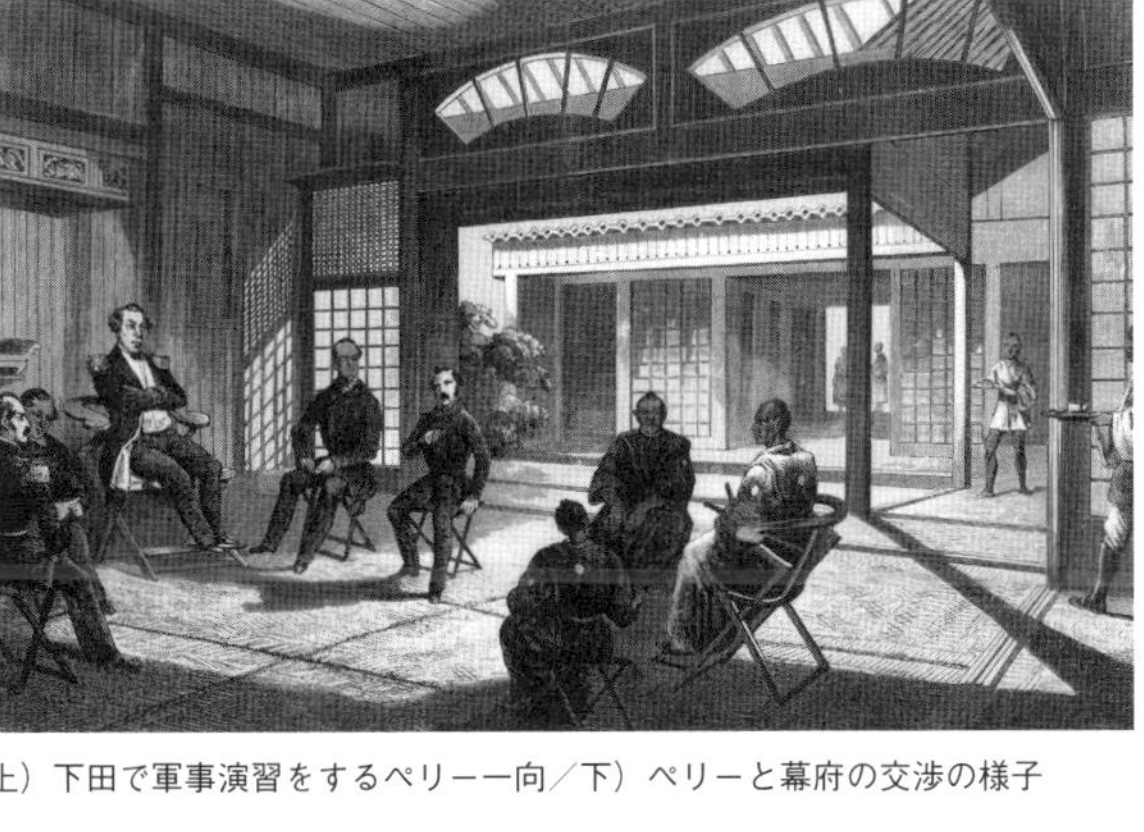
上）下田で軍事演習をするペリー一向／下）ペリーと幕府の交渉の様子

07 井伊直弼にまつわるウソ

通説 井伊直弼は開国論者だった

真相 井伊は慎重派で他の幕臣が開国を主張

▼開国慎重派だった井伊直弼

アメリカの圧力に屈して天皇の許可なく通商条約を結んだ大罪人。大老の**井伊直弼**(いいなおすけ)にはそんなイメージがつきまとう。

一般的には、井伊は開国派で天皇のことを軽視していた、と思われているのではないだろうか。

しかし実際には、井伊はアメリカとの条約締結に否定的で、条約調印に慎重な意見を述べていた。それは井伊が、国学の価値観に基づいて、天皇を敬い国土を神聖なものととらえていたからだ。

国学とは、『古事記』や『日本書紀』などを通じ、日本古来の精神を見出す学問である。江戸時代後期、権威が弱まりつつあった幕府への反発もあり、儒学に対抗する学問として国学者たちが広めた。幕末になると天皇を敬い外国を打ち払う尊皇攘夷思想が武士階級の常識になっており、井伊もこの価値観を共有していた。

日米修好通商条約の調印を日本に迫ったアメリカ総領事ハリス

▼井伊以外に開国派が多かった

それでも井伊が開国に同意したのは、**大老就任時にはすでに、幕府の方針が開国路線で固まっていたから**だ。

よく、幕府がアメリカに圧されて開国に

踏み切ったといわれるが、それは少し違う。アメリカによるプレッシャーはあったものの、幕府は清国を侵略中だったイギリスへの警戒から、アメリカとの交渉に前向きだったのだ。

開国に積極的だったのは、幕府だけではない。通商条約の締結について、幕府は諸大名から意見を聞くことにした。すると、大半の大名が開国に賛成し、交渉は条約締結を前提として進むようになっていた。井伊が大老に就任したのは、そうした状況においてのことだった。

こんな状況でも井伊は、「条約を結ぶにしても、天皇の勅許を待つべきだ」と慎重な立場を取った。それでも、若年寄の本多（ほんだ）忠徳（ただのり）を除いて全員が反対。結局、幕府の独断締結が容認された。

幕閣の岩瀬忠震。日米修好通商条約の早期調印を目指していた

幕府は天皇に勅許を求めていたが、締結反対派の天皇は一向に動こうとはしなかった。それならアメリカが痺れを切らす前に条約を締結しようということになり、安政5年（1858）6月に日米修好通商条約は結ばれたのである。

▼安政の大獄は政敵への報復

その後の展開は、よく知られているとおりだ。条約締結に激怒した孝明天皇が、幕府の責任追及と攘夷遂行を求める密勅を複数の藩に発布すると、この動きを察知した井伊が、密勅に関係した人物の処罰を開始。攘夷論者を弾圧し、公家も自首させる形で処分した。有名な**安政の大獄**である。

ここにも一つ、誤解がある。確かに、井伊の処分は過酷だったが、**目的は開国論者の弾圧ではなく、政敵への報復**だ。この頃の朝廷は、自分たちのいいなりになる将軍を選ぶよう水戸藩などに圧力をかけた。こうした勢力を抑え込むために、井伊は苛烈な処罰を実施したのである。

とはいえ、安政の大獄により攘夷志士も処罰を受けたため、井伊憎しという思いは、維新の志士なら誰もが共有していた。西郷隆盛に至っては、井伊の一周忌に大久保利通に宛てて、「うれしすぎて朝から晩まで飲みすぎた」と手紙を送っている。おそらく、井伊が死んだ後は悪評が一人歩きし、「井伊直弼は開国の強硬な推進者」というイメージが定着していったのだろう。

桜田門外の変を描いた錦絵。井伊直弼は安政の大獄に憤る水戸藩浪士らに襲撃されて、命を落とした
（月岡芳年「江水散花雪」国会図書館所蔵）

08 新選組にまつわるウソ

通説 新選組は刀剣主体の剣豪集団だった

真相 状況に応じて洋装・小銃に切り替えた

▼刀剣主体の限界を知る

ダンダラ模様の羽織姿で、京の警固役として攘夷派志士を取り締まった凄腕の剣客集団といえば、**新選組**である。近代化の波が押し寄せるなかでも武士らしく、最後まで刀で戦い続けた集団だと思う人もいるかもしれない。

確かに、新選組が沖田総司や斎藤一など、一流の剣士たちを抱え、京の治安維持に努めたことは事実である。しかし、新選組が刀と和装で戦い抜いたというのは誤解であり、実際には、**かなり早い段階で洋式装備への転換が進められていた**。

契機となったのは、元治元年（1864）7月19日に起きた**禁門の変**である。長州軍が京都でクーデターを企てたこの事件で、新選組は幕府側として参戦した。さぞ功績を残したのだろうと思いきや、**刀剣主体の装備では大した活躍はできなかった**。幕府側が勝利を収めたものの、局長の近藤勇と副局長の土方歳三は、今後も新選組が存在感を示すためには、組織の強化が必要だと実感することになった。そこでとられた具体策が、人員強化と装備の洋式化である。

翌年3月に本拠地を壬生屯所から西本願寺に移転した新選組は、装備や兵制の洋式化を進める幕府陸軍に倣い、大砲や小銃を多数用意して隊士に訓練を施した。鳥取藩

新選組副長の土方歳三。箱館戦争（1868年）の頃に撮られた写真

の記録によると、「剣槍は差し置き砲術訓練盛んに相行われ候」と、**剣術以上に砲術が重視されていた**ことがわかる。

また、銃を効率よく運用するために銃撃戦を指揮する「銃頭（じゅうがしら）」という役職を新設。

禁門の変を描いた錦絵。中央馬上にいるのは一橋慶喜。御所を警固する禁裏御守衛総督の任についていた（「日本外史之内」東京都立図書館所蔵）

さらには蘭学医・松本良順（りょうじゅん）の指導で生活環境の改善を行うなど、西洋知識を積極的に取り入れていた。

▼新政府軍に劣らない最新武器

こうした改革が実を結んだのが、**鳥羽伏見の戦い**だ。この戦いについて、「最新兵器を駆使する新政府軍に旧幕軍がなす術もなく敗れた」というイメージがあるかもしれないが、実は参加した新選組隊士の全員が、小銃で武装していた。多くがフランス製の最新小銃で、刀は補助装備として携帯していただけだ。すでに新選組は刀剣主体の組織から脱却しつつあった。

しかし、隊士たちは慣れない洋式戦術に苦戦する。白兵戦を試みて撃たれた隊士も多数いたし、洋式化を嫌がる武芸者肌の隊士も多かった。前述の鳥取藩の記録にも、「西洋不服の士多々」とある。軍学者の武田観柳斎（かんりゅうさい）はその筆頭で、二番隊隊長・山南敬助（やまなみけいすけ）も西洋化に反対したという。

とはいえ、生死を賭けた戦いで刀にこだわることが得策でないことを、隊士たちは実感していただろう。鳥羽伏見の戦い敗北後も新選組は降伏せず、「甲陽鎮撫隊（こうようちんぶたい）」として各地を転戦した。近藤が処刑された後も元隊士の多くが新政府軍と戦ったが、その中に和装で刀を振るう者はおらず、ほとんどが洋装で小銃を装備していたという。

鳥羽伏見の戦いを描いた錦絵。発行には幕府の許可が必要だったが、この絵は許可がとられずに発行された（「慶長四年大功記大山崎之図」部分／国会図書館所蔵）

09 坂本龍馬にまつわるウソ

通説 龍馬は薩長同盟の立役者だった

真相 龍馬より同盟締結に貢献した者がいた

▼大政奉還は龍馬発案ではない

坂本龍馬は、幕末の志士の人気投票において、必ず上位に名前が挙がる。土佐藩の郷士（下級武士）の家に生まれながら、その才覚と行動力を生かして数多くの難問を解決。その活動は政治面だけにとどまらず、貿易商社兼海運業者でもある海援隊を設立し、商才を発揮して近代日本の基礎を築いたとされてきた。

しかし現在、龍馬の実績には多くの疑問が呈されており、人物像は大きく変化している。

龍馬最大の功績は、大政奉還の元といわれる「**船中八策**」をつくったことだろう。大政奉還は、土佐藩前藩主・山内容堂が慶喜に進言して実現したが、原案をつくったのは龍馬だとされてきた。龍馬がつくった船中八策を元に土佐藩士・後藤象二郎が建白書をまとめ、容堂に提出した。それがこれまでの通説だ。

しかし、この説には大きな問題がある。船中八策は原本や写本が存在せず、存在を示唆する同時代の史料すらもない。元海援隊の長岡謙吉が書いたという「海援隊日史」にも記述はないし、後藤象二郎が龍馬の影響で大政奉還案を披露したという史料もない。つまり、**船中八策は創作の可能性**

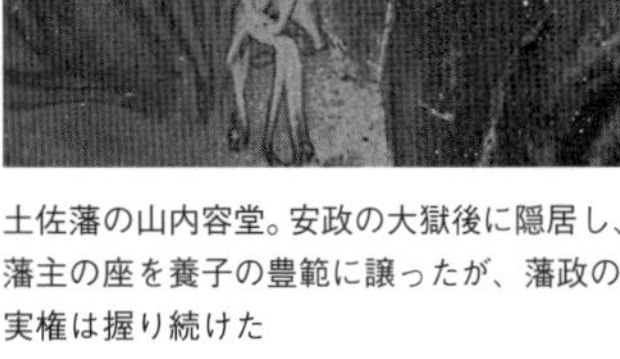

土佐藩の山内容堂。安政の大獄後に隠居し、藩主の座を養子の豊範に譲ったが、藩政の実権は握り続けた

があるのだ。「船中八策」という言葉が登場するのは、大正になってからである。他の史料から、龍馬が大政奉還後の政体構想を持っていたことはわかっているが、現在伝わる船中八策がその構想だという、確かな証拠はない。そもそも、**龍馬は幕臣から大政奉還の考え方を学んだとも言われて**いるから、龍馬ひとりが先進的な考え方を持っていたと考えるのは誤りだ。

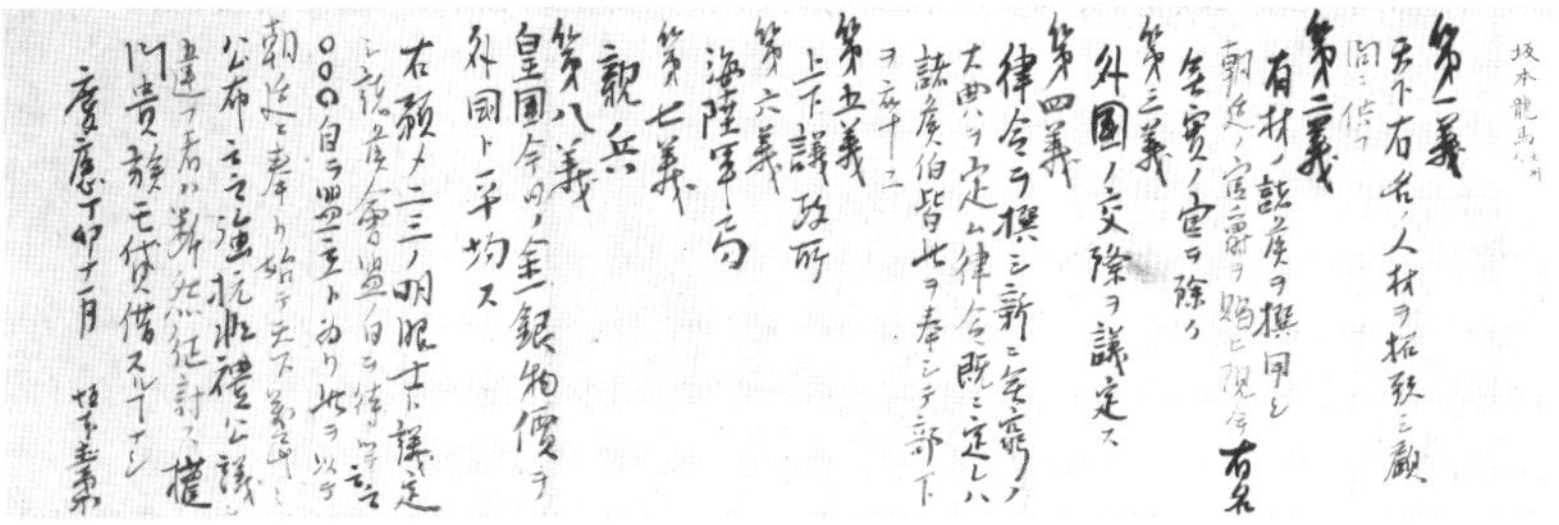

大政奉還後の新政府の構想を龍馬がまとめた史料。有用な人材の登用、憲法の制定、議会の設置、貿易の平等などが説かれている。かつては船中八策が、この構想の元になったと考えられていた（「新政府綱領八策」国会図書館所蔵）

▼同盟締結に尽力したのは別人

薩長同盟の仲介についても、その役割は限定的だったようだ。実際の交渉は薩長の藩士のみで行われており、龍馬は数ある調整役のひとりで決定的な役割は果たしていなかったようだ。同じ土佐藩出身の中岡慎太郎が主導していた動きを知って、協力するようになったにすぎない。

▼薩摩の裏方だった策士

実際の龍馬は、一言で言えば**薩長の裏方**だった。龍馬は西郷隆盛と関係が深く、薩摩藩の意に従って行動することが多かった。重要会議の段取りや日程を調整して、武器商人グラバーを通じて大量の武器弾薬を薩長軍に用意する。そんな役割を遂行すべく結成されたのが、海援隊だった。この海援隊でトラブルが起きたとき、龍馬は英雄にあるまじきハッタリをかまして場をしのいでいる。

トーマス・グラバー。龍馬を介して薩摩に武器を売った

慶応3（1867）年4月、海援隊が借りていた「いろは丸」が、現在の岡山県笠岡諸島で紀州藩（和歌山県）の軍艦明光丸と衝突。いろは丸は大破して沈没した。事故はいろは丸側の過失もあったが、龍馬は国際法である万国公法を持ち出して紀州藩の過失を追及している。

龍馬の言い分はこうだった。いろは丸には8万両（現在の価値で約164億円）相当の銃火器や金塊が搭載されていた。それが明光丸の過失で沈んだのだから、国際法に基づき、きちんと賠償してもらわなければならない。国際法に疎い紀州藩側は龍馬の弁舌巧みな交渉術に翻弄され、同額の賠償金を支払うことで決着した。

しかし、1980年代にいろは丸の船体が海底で発見されると、龍馬のハッタリが明らかになった。潜水調査の結果、龍馬が主張した銃火器などは確認されなかったのである。

10 西郷隆盛にまつわるウソ

通説 寛容な性格で部下を大事にしていた

真相 目的のために部下を切り捨てることも

▼トップを罵る西郷

西郷隆盛は、幕末明治の偉人のなかでもダントツに人気がある。豪放磊落な性格で配下の士卒から慕われるだけでなく、仁愛に富んだ人物だと思われることもある。明治新政府の重鎮となった後も質素な暮らしを続けたこともあり、親分肌で清廉なイメージがある。上野公園にある愛犬のツンをつれた着流し姿の銅像からも、親しみやすさが感じられる。

だが、そうしたイメージには西郷の一面しか反映されていない。**西郷は人づきあいがうまかった半面、偏狭な性格で、人の好き嫌いが激しかった**。また、配下を平気で切り捨てたり、陰謀を巡らせ破壊活動を主導したりするなど、冷酷な面も持ち合わせていた。

例えば、後に大阪商工会議所の初代会頭となる同郷の五代友厚。大阪商業界発展のため、私財を投入して新事業に次々と挑戦したが、西郷は彼を「利で動く人間」と非難している。

また、西郷は自分を取り立ててくれた藩主・島津斉彬を「お天道様のような人」と敬ったが、次代忠義の父で藩政をとりしきった久光に対しては、斉彬より器量が劣ると見て蔑視していたという。西郷は久光を「**地ゴロ（田舎者）**」とまで罵ったと伝

久光は後年、側近に西郷に「地ゴロ」と罵られたと述懐している。この発言は他の史料では確認できないものの、久光が西郷と折り合いが悪かったのは事実（国会図書館所蔵）

えられている。主君に対しても悪感情を隠さない西郷を、同じ薩摩藩士の大久保利通は「激情家」と評している。

▼手段を選ばない謀略家

西郷は、倒幕のためなら手段を選ばない

西郷は幕府を挑発するために、江戸市中において辻斬り、強盗、放火などの攪乱工作を浪士に指示。これを受け、浪士らは庄内藩お抱えの新選組屯所を襲撃する。これに対し、幕府は庄内藩に命じて薩摩藩邸の攻撃を命令した（「近世史略薩州屋敷焼撃之図」東京都立図書館所蔵）

謀略家でもあった。

慶応（けいおう）3年（1867）10月、西郷は配下の浪士に江戸での攪乱（かくらん）工作を命じる。狙いは、佐幕派を挑発して、戦端を開かせることにあった。浪士たちが行ったのは略奪や放火、強盗など無法極まりない蛮行で、無関係な江戸の住民を恐怖に陥れることになる。

やがて西郷の思惑通り佐幕派は報復措置として薩摩藩邸を砲撃。これが「**江戸薩摩藩邸の焼討（やきうち）事件**」である。この事件が戊辰戦争の遠因となった。

また西郷は、目的を達成するために、**天皇を政治的に利用した**こともある。

大政奉還が行われる前、西郷は大久保や岩倉具視らとともに朝廷に接触し、「徳川慶喜を誅殺（ちゅうさつ）せよ」という討幕令、いわゆる「討幕の密勅」を出させている。この密勅

岩倉具視

は天皇自身の署名がないことなどから、偽の勅書と見られている。西郷らは新政権でトップに据えるはずの天皇の意図とは無関係に、その権威を利用していたのである。

▼配下を切り捨てる冷徹さ

西郷は敵のみならず、配下にも冷酷だった。戊辰戦争が勃発すると、西郷は旧幕府軍攻撃の先遣隊として**赤報隊**（せきほうたい）を組織。赤報隊は西郷の指示のもと各地で「新政府は年貢を半減する」と宣伝し、民心の掌握に奔走する。だが、年貢半減が財政的に困難とわかると、西郷は公約を撤回。そればかりか年貢半減は赤報隊が勝手に触れ回ったものとして彼らを追討、処刑したのだ。

赤報隊には軍令違反の疑いもあったため、彼らにも非はあったが、どさくさに紛れて年貢半減の責任を押し付けるなど、西郷のやり口は抜け目ない。親しまれる「西郷どん」の顔を持つ一方で、その強引な手腕からは、「策謀に長けた冷血漢」という顔も、垣間見える。

11 大久保利通にまつわるウソ

通説 大久保は私利私欲のため権力を使った

真相 私財を政策に投じるなど公につくした

▼とっつきにくいが部下想い

薩摩藩出身の**大久保利通**は、明治初期の新政府において、最も権力のある人物だった。強力なリーダーシップを発揮して殖産興業を推し進め、最終的には現在の内閣総理大臣に相当する内務卿（ないむきょう）にまで上り詰めている。

にもかかわらず、大久保とともに「維新の三傑」に挙げられる西郷、木戸と比べると人気はかなり低い。それはかつて、大久保は権力を握ると私欲で国を動かし、政府内外から反発を受けた、というイメージが先行していたからだ。

だが、そうした評価は近年改まっている。厳格でとっつきにくい人間ではあったが、大久保は私利私欲で動くタイプではなかった。仕事では厳しい顔を見せていた一方で、情に厚く部下を気遣う人だったという証言も、数多く残されているのだ。

大久保がとっつきにくかったという証言は、多くの政府高官が残している。官庁内で大久保の靴音が聞こえると、それまで雑談をしていた職員たちが私語をやめたというから、近づきにくい人物だったことは確かだ。

ただ、職場では厳しい人物だと思われていたが、**単に勤務態度が厳格なだけ**で、他人に対して攻撃的だったわけではない。むしろ、部下であっても「さん付け」で呼び、礼儀を忘れずに接していたという。

家庭における大久保は、子煩悩な父親であった。大久保の三男利武（としたけ）によれば、5人の子どもを叱ることはなく、暇があれば子どもを書斎に入れて遊んでいたという。

▼在世中から不人気だった理由

大久保は在世中から不人気だったが、それは西南戦争で盟友の西郷を亡き者にしたことや、政府が帯刀と禄の支給という士族の特権を奪ったこと、攘夷を掲げたにもかかわらず維新後は欧化政策に転換したことなどが、影響しているのだろう。政府のトップだったからこそ、あらゆる政策への批判が大久保にのしかかった。

これらの行動は、早期に近代化・中央集権化を実現することが目的だったと考えられる。欧米視察によって西洋文明の先進性に衝撃を受けた大久保は、このままでは日本が欧米の植民地になるという危機感を抱いていた。旧習の撤廃や殖産興業政策は、そうした危機感の表れである。

サンフランシスコで撮影された岩倉使節団一行。右端が大久保。本格的な視察は、アメリカの次に渡った欧州において行なわれた。イギリスでは工業力、フランスでは文明の成熟度、ドイツでは新興国ならではの勢いに、一行は学ぶところがあったようだ

▼自らの借金で公共事業着手

明治11年（1878）5月14日、大久保は不平士族に襲撃され、満47歳で命を落とした。その日の朝に福島県権令・山吉盛典へ語ったとされるのが、近代化に向けた「30年計画」である。

大久保は、明治元年から30年までを「創業期」「内治整理・殖産興業期」「後継者による守成期」の3期に分けて考えていた。これまでの10年間は創業期、現在進行中の10年間は内治整理・殖産興業期、そして次の10年間が後継者による守成期だ。このうち第2期までは力を注ぎたいという抱負を持っていた。

大久保の暗殺者が持参していた「斬奸状」には、大久保に対する五つの罪が記されている。その一つに、「不要な土木事業、建築により、国費を無駄遣いしている」というものがあった。

しかし実際には、**大久保は予算のつきにくい公共工事に私財を投じ、そのために借金を抱えていた**。その額は現在の価値で約1億円もあったという。やりかたには褒められない面もあったが、日本の将来を考える姿勢は、西郷や木戸に負けていなかったに違いない。

大久保を追悼する石碑。大久保の死から10年後、大久保と親交の深かった西村捨三、金井之恭、奈良原繁が建てた。大久保が暗殺された紀尾井坂の、清水谷公園内にある

12 板垣退助にまつわるウソ

通説 板垣は自由民権運動のために下野した

真相 軍の要職につけずやむなく下野した

▼軍人として功績を残した板垣

明治維新後の日本政界では、薩長の有力者が主要ポストを公然と牛耳っていた。これに対し、前時代的な体制では西洋列強に太刀打ちできないと不安を抱き、日本でも議会を開設しようと働きかけたのが、自由民権派と呼ばれる人々だ。その代表的人物が、**板垣退助**(いたがきたいすけ)である。

板垣たちが推進した運動は自由民権運動と呼ばれ、天下公論に基づく政治を求める出来事として、歴史教科書にも登場する。特に板垣は愛国公党を設立し、国会の開設を求める意見書を政府に提出するなど、明治初期の政治運動を代表する人物として、高く評価されることもある。

そんな実績からすると意外なことに、板垣は当初、軍事の要職につくことを望んでいた。幕末の頃から、板垣は政治家としてではなく、**軍人としての活躍が目覚ましかった**のだ。

板垣は、土佐藩の上士(じょうし)(上級武士)出身である。薩長の武力討幕を支持し、慶応4年(1868)に「迅衝隊(じんしょうたい)」を結成。東山道先鋒総督府参謀として自ら部隊を指揮した。戊辰戦争では常に最前線で活躍し、宇都宮城の奪還に成功。日光では、旧幕軍と交渉して東照宮から撤退させた。新政府軍で最大級の戦果を挙

板垣が率いた土佐迅衝隊。下段中央が板垣。土佐の勤王派を中心に結成された。隊員約600人

げた生粋の軍人であり、維新後には軍事を統括する兵部省（ひょうぶしょう）のトップ就任が確実視されていた。

▼薩長との権力争いに敗北

そんな軍人気質の板垣が自由民権運動の活動家へと転向したのは、**薩長との権力争いに敗れた**からである。

板垣は兵部省の実権を握る兵部大輔（たいふ）の地位を望んでいた。だが、希望はなかなか叶わず、2代続けて長州藩出身者が就任していた。3代目でようやく板垣が候補に挙がったものの、長州藩の反対工作にあって白紙化してしまう。また、朝鮮への軍事行動を説いたが大久保利通らの反発で潰えてしまい、軍事的なイニシアチブを発揮する機会に恵まれなかった。

長州藩出身の山県有朋。板垣をおさえて３代目の兵部大輔についた

結局、板垣は希望を叶えることができないと覚り、新政府に見切りをつけた。その後に土佐へ下野して政治結社の立志社を結成。自由民権運動を開始している。

板垣退助が襲撃された岐阜事件を描いた錦絵。右端の、指を指している堂々とした様子で描かれているのが板垣（アジア歴史資料センター提供 ／ 国立公文書館所蔵）

▼「板垣死すとも」もウソ

もちろん、板垣らの活動で国会開設の機運が高まったことに変わりはない。地主層を中心に運動は全国に広まり、板垣は自由民権運動の旗手とみなされるようになっていく。そんなさなかに起きたのが、**岐阜事件**である。明治15年（1882）4月6日に岐阜で演説を終えた板垣が、反対派に刺された出来事だ。

この事件で板垣が発したという一言が、有名な「**板垣死すとも自由は死せず**」だ。板垣の信念を表す名言として知られているが、実は板垣本人の言葉ではない可能性がある。類似した発言をしたという記録はあるが、事件現場は非常に混乱しており、誰が何を発言したかは、わかっていないのだ。

板垣が希望通り将校となっていれば、戦争史に残る名将となっていただろう。しかしそうなっていた場合、自由民権運動の展開が遅れ、薩長の藩閥体制はより強固になっていたかもしれない。

13 昭和天皇にまつわるウソ

通説 昭和天皇は軍部のいいなりになっていた

真相 天皇は軍事情報を細かく確認していた

▼傀儡ではなかった昭和天皇

軍部の独走に反対したが、力及ばず傀儡（かいらい）となった悲劇の平和主義者。**昭和天皇**は、そうした穏健な人物だったというイメージが根強い。

天皇は、青年時代に欧州を外遊し、第一次世界大戦の被害が色濃い各国をじかに見た。これにより、天皇は戦争の悲惨さを痛感。即位後、アメリカとの関係が険悪になると、国力に勝る同国との対立を避けるよう軍部に抑制を促している。対米戦が不可避となった時点でも、最後まで外交交渉を優先するよう軍部に助言し続けた。しかし、自らが政治介入することを嫌っていたこともあって軍部を抑えきれず、戦時中は軍部の操り人形となった――。かつてはこのように思われてきた。

第一次世界大戦後に訪英した皇太子時代の昭和天皇（中央）。1921年撮影

だが近年の研究により、昭和天皇は平和一辺倒の理想主義者ではなかったことが、明らかになった。軍部を忌み嫌っていたわけではなく、むしろ軍の統率者という立場から、戦時中は軍事行動に関して積極的に意見を出していたのだ。

▼軍事情報を細かくチェック

天皇が軍の統帥権を握る大日本帝国で

は、**作戦案の実行には必ず昭和天皇の許可が必要だった**。軍部が都合のいい情報で誤魔化したイメージがあるが、それは誤りだ。実際には、作戦の詳細や戦地の状況を細かく天皇に伝えていた。

天皇は形式的に報告を聞いていたわけではなく、時には疑問点がなくなるまで質問していたことがわかっている。また、戦況が圧倒的に不利になっても戦闘継続を求めたこともあった。

例えば沖縄戦では、戦況は不利だったにもかかわらず、陸軍に総攻撃を決断させている。昭和20年（1945）2月に近衛文麿（このえふみまろ）元首相が終戦交渉を上奏しても、戦果が乏しいために降伏はできないと、これを拒否している。あくまでも、日本にとって有利な状況をつくりだすことを政府と軍に求めていた。

陸軍の観兵式（1938年）に姿を現した昭和天皇

▼天皇制の維持

こうした決断の背景には、**天皇制を維持したい**という思いがあったのでは、という指摘がある。

1938年に開かれた御前会議の様子。御前会議は天皇臨席のもとで重要事項を決める際に開かれた。対米戦の3カ月前に開かれた御前会議では、戦争回避を示唆した

昭和天皇が欧州外遊で実感したのは、平和の尊さだけではない。敗戦国の王族が力を失い、帝政が崩壊した現実も目の当たりにしたのだ。

もしも日本が欧米諸国との戦争に負ければ、皇室が厳しく処分されるのは必須だ。事実、戦後のアメリカ世論は昭和天皇への厳しい処分を求めていた。だからこそ、降伏する際に譲歩を引き出せるよう、昭和天皇は軍部の戦果拡大を容認したのでは、とも考えられている。

戦争末期の政府や軍部も、降伏するにしろ天皇制の維持を優先すべきだと考えていた。その意味では、**天皇、政治家、軍人の思惑は根本で一致していた**。

しかし、沖縄戦ではアメリカに大した打撃を与えられず、沖縄が占領された。こうなると、本土決戦になったとしても勝利する望みは薄い。こうした事態を受け、天皇は勝つ見込みがないと悟り、戦争終結に向けて動き出した。軍部の急進派は戦争継続を主張したが、昭和天皇は降伏の意志を固め、8月10日にポツダム宣言受諾を決定。14日に無条件降伏を受け入れた。

第二章

陰謀・戦乱にまつわるウソ

14 蘇我氏にまつわるウソ

通説 蘇我馬子が独断で崇峻天皇を暗殺した

▼

真相 豪族たちの合意のうえでの暗殺だった

▼崇峻天皇暗殺は臣下の総意

日本史上唯一、天皇を暗殺させた人物。それが**蘇我馬子**（そがのうまこ）だ。

馬子は、朝廷の内乱に勝利して権力を確立すると、甥の**崇峻天皇**（すしゅん）を即位させて政治の実権を握った。だが、崇峻はお飾りの天皇であることに満足できなかった。ある日天皇は、献上されたイノシシの死体を見て、「いつかこのイノシシのように、自分が憎い相手の首を斬り落としたいものだ」と口走る。この発言を知った馬子は、自分が天皇から命を狙われていると危険を感じた。そこで、儀式の席上、部下に命じて天皇を殺害したのである。

以上が、『日本書紀』に記された崇峻暗殺の顛末だ。これに基づき、馬子は天皇殺害という未曾有の事件を起こした人物だと思われてきたが、現在、この通説は否定されている。**天皇殺害は有力豪族たちの合意で実行されたと考えられている**のだ。

▼天皇が殺されたのに混乱なし

根拠は、崇峻死後の朝廷の反応にある。天皇殺害という大事件が起きたにもかかわらず、**政局に大きな混乱は生じていない**。崇峻はその日のうちに埋葬され、暗殺から間もなく推古天皇が即位するなど、突発的な事件にしては、後処理がスムーズだ。

臣下が結託して天皇を暗殺したといわれてもにわかには信じがたいが、この頃は、**天皇は有力豪族の合議制で決まるのが常識だった**。崇峻の場合も、蘇我氏の後押しだけでなく、有力豪族の合意があったからこそ、即位できたと考えるべきだ。天皇が豪族たちの意をくまず、コントロール不可能になっていたとすれば、暗殺されたとしてもおかしくはない。

暗殺の背景には、**朝廷をとりまく環境に緊張が生じていた**からだと考えられる。崇峻の即位翌々年には**隋が大陸を統一**し、巨大な国が出現していた。隋は朝鮮半島の高句麗に軍を送るなどしたため、朝廷も隋を警戒。北九州に軍を派遣している。

▼6世紀後半の東アジア

598〜614年にかけて
4度にわたり隋が遠征
高句麗
平壌
日本
隋

建国時（581年）
中国統一（589年）
最大版図（610年）
百済
新羅
高句麗

国内においても、蘇我氏に敵対する勢力がくすぶり続けており、朝廷は軍事的・政治的に安定していなかった。この内憂外患に対処できないとして、崇峻は殺されたと考えられる。

▼蘇我氏暗殺も権力闘争の結果

蘇我氏は馬子の子の**蝦夷**、孫の入鹿の時代にも権勢を誇ったが、『日本書紀』によれば専横を極め、人々に恐れられていた。これをみかねた中大兄皇子と中臣鎌足が、入鹿の暗殺を決行。蝦夷は自殺し、蘇我本家は歴史の表舞台から姿を消した——。

殺害される蘇我入鹿。入鹿の死を知ると蝦夷は自邸に火を放ち自害した（「大日本名将鑑」「中臣鎌足 大兄皇子 入鹿大臣」東京都立図書館所蔵）

歴史教科書ではお馴染みの記述だが、この通説もすでに否定されている。蘇我氏の専横が暗殺の理由というのは後付けで、**政治の方向性の違いから、ふたりは葬られた**と考えられているのだ。

この時期は**大国・唐の成立**を受け、日本では中央集権化が図られていた。蘇我氏が実施したのは、天皇をたてつつ裏で蘇我氏に権力を集中させる統治法である。

対する鎌足が目指したのは、官僚制を基にした中央集権体制だ。有力な皇族のもとに豪族が政務を補佐する統治法である。鎌足はこの思惑を実現すべく中大兄をはじめとした仲間を募っていた。つまり、**理想とする政治体制を実現すべく、鎌足は蘇我氏暗殺を決行したと考えられる**のである。

『日本書紀』で蘇我氏が悪しざまに描かれているのは、**編纂者が鎌足の子である藤原不比等**だからだという指摘がある。蘇我氏を悪人に仕立てることで、父鎌足の野心を隠そうとしたのではないか。研究者の間では解釈をめぐって、決着はついていないものの、何らかの政治的意図があったのは確かだろう。

15 天智天皇にまつわるウソ

通説 子に譲位するため弟の排除を画策した

真相 子ではなく弟に譲位するつもりだった

▼壬申の乱のきっかけ

天智天皇の弟と子が争った古代最大の内乱。それが**壬申の乱**だ。なぜ争いは起きたのか？　かつては、天智が子の**大友皇子**を即位させようと謀略を図ったからだとされていた。『日本書紀』の壬申紀（天武天皇の事績を記した箇所）には、次のように書かれている。

病床についていた天智は、蘇我安麻呂を遣わして弟の**大海人皇子**を招き、彼に後事を託した。だが、大海人は要請を固辞する。大殿に入る前に、安麻呂から「お言葉にお気を付けください」と忠告されたことで、天智の陰謀を疑っていたからだ。代わりに天智の皇后である倭姫王の即位と大友による執政を要請し、出家して吉野に入った。

この後に天智が亡くなると、大友が挙兵の準備を始めたために、大海人は吉野を脱出してやむなく行軍。大海人のもとには郡司や国司が集まり、朝廷を二分する争いが勃発した。結果、争いは大海人の勝利に終わり、新たに天武天皇が誕生した――。

通説はこうした記述に基づいていたが、近年は評価が変わりつつある。**天智は最初から大海人に譲位するつもりであり、大友皇子が即位できるとは考えていなかった、**という説（倉本一宏）があるのだ。

▼大友が即位できない理由

評価が変化したのは、根拠とされてきた『日本書紀』の成立事情や解釈をめぐり、さまざまな疑義が出たからである。

例えば、蘇我安麻呂の忠告を受けて陰謀

を疑ったという記述は、壬申紀にしか見られない。天智が置かれていた状況を鑑みると、この記述は事実だとは考えにくい。

この時代に即位できるのは、母親の出自が高貴で政治経験を積んだ、40歳前後（少なくとも30歳以上）の人物である。大海人は条件を満たしていた一方、大友はいずれも満たしていない。母親は地方豪族の娘と考えられ、年齢は20代半ばだった。群臣から賛同を得られないのは明らかだった。**無理やり大友を即位させれば、朝廷が混乱するのは避けられなかっただろう。**

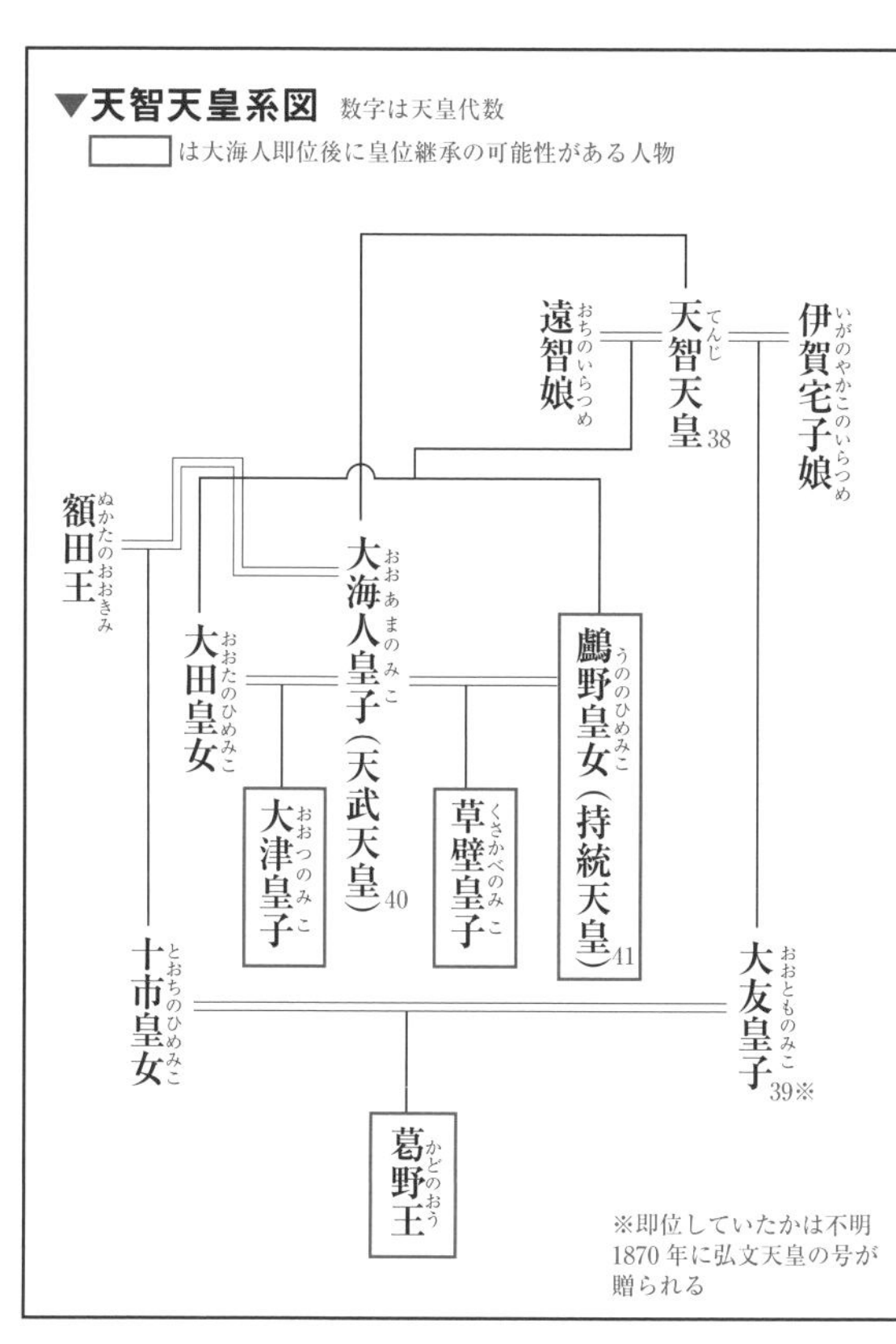

▼天智の皇位継承プラン

倉本氏は、天智は**大海人に譲位した後の皇位継承者**も、想定していたはずだと主張する。血筋を考慮すると、候補者は四人である。一人目は、大友と十市皇女（大海人の娘）の子で天智の孫の葛野王。二人目は、大海人と大田皇女の子である大津皇子。三人目は大海人と鸕野皇女の子である草壁皇子。四人目は、大海人の妃である鸕野だ（実際に即位したのは鸕野＝持統天皇）。

大田と鸕野は天智の娘であるため、いずれの候補者が即位しても、天智系の血統が皇位につくことになる。大海人にとっても、このプランは悪くない。『日本書紀』の記述からは大海人が即位するつもりはなかったようにもみえるが、おそらくそんなことはない。即位を固辞するのは、古代の慣例だった。大海人からすれば、天智からもう1度要請を受けるか、天智死後に群臣から推薦されるのを待っていたのだろう。

▼挙兵を企てたのは持統天皇？

では、大友が挙兵の準備をしたのは、大海人の即位を邪魔するためだったのか？倉本氏は大友ではなく、**大海人の妃である鸕野が挙兵を主導した**と主張する。

鸕野からすれば、大友の子である葛野王が即位すれば、自身の皇子が即位する可能性がなくなる。そこで**大友を排して葛野王即位の可能性を取り除こうとしたのでは、**というわけだ。大海人にとっても、葛野王以外の皇子が即位すれば、自身の血統を維持することができて都合はいい。そこで大海人は鸕野に協力して、挙兵の準備をしたのでは、というわけだ。

この説は新しい通説として定着はしていないものの、壬申の乱を新しい視点で眺めた説として注目されている。

16 道鏡にまつわるウソ

通説 孝謙天皇を利用して天皇になろうとした

▼

真相 孝謙天皇が積極的に道鏡を重用した

▼天皇になりかけた僧侶

奈良時代の僧侶・**道鏡**は、**天皇の寵愛を利用して皇位簒奪を図った人物**として知られる。女性天皇と愛人関係になって彼女を意のままに操ったとして、そのたくらみは歴史上、厳しく糾弾されてきた。

道鏡は河内国（大阪府）出身の僧侶だとされている。若い頃から全国諸寺で修行を積み、内道場（宮中の仏殿）への入場を許可される高僧となった。そして、朝廷内の政争に疲れて退位した孝謙上皇が病になると、道鏡は彼女を親身に看病して、強い信頼を得ることになる。

この状況を危惧した藤原仲麻呂は、道鏡排斥などを目的として挙兵したが、反乱は失敗。仲麻呂を支援していた淳仁天皇は廃位されて淡路へ配流となり、上皇が再度即位（重祚）して称徳天皇となった。

称徳の治世下においても、道鏡は贔屓にされて権力を集中させていく。やがて太政大臣禅師や法王の地位を得た道鏡は、宇佐八幡宮による「道鏡を皇位につかせよ」という神託を利用し、天皇の地位を狙った。だが、和気清麻呂が道鏡即位を否定する新たな神託をもたらしたことで、狙いは失敗。天皇が崩御すると道鏡は失脚した――。

以上が、『続日本紀』に基づくかつての通説である。『続日本紀』は朝廷主導で奈良時代の歴史を描いた正史で、平安時代初期に編纂された。その記述に従い道鏡は権力欲にまみれた朝廷の敵とみなされてきたのだが、この見方はすでに古い。

道鏡が皇位簒奪を図ったのなら、『続日本紀』の記述は不可解だ。天皇の死後、道鏡は親族もろとも下野薬師寺（しもつけやくしじ）に追放されるのだが、僧籍（そうせき）（僧侶の身分）は残されたままだった。皇位を狙った反逆者への罰にしては、軽いと言わざるを得ない。

なお、天皇との愛人関係に関する言説は、江戸時代に書物を通じて広がった俗説である。『続日本紀』には見当たらない記述であり、創作だと考えたほうがいい。

大阪府八尾市の東弓削遺跡。道鏡が建立にかかわったと『続日本紀』に記される由義寺と思われる遺構が見つかった場所。写真は発見された塔の土台部分（朝日新聞社提供／2017年2月7日撮影）

▼乗り気だったのは天皇のほう

現在では、**道鏡の出世は孝謙が主導した**という説が有力である。

朝廷が政争に明け暮れるなかで即位した孝謙は、豪族から猛反発を受けてすぐに皇位を譲ってしまう。度重なる政争の影響か、孝謙は病を患った。そんな孝謙を癒したのが、道鏡だった。

孝謙にとって道鏡は、自らの統治を強化するうえで重要なパートナーになりえた。群臣のなかには孝謙とは別の血統を望み、謀反を企てる者も少なくなかった。そこで、仏教を重視した父・聖武天皇の路線にならい、**仏教による統治の強化を図ろうとした**のだと、考えられている。

孝謙が道鏡擁立を主導したのなら、『続日本紀』の不可解な記述も説明がつく。同書は朝廷の正当性を示すために書かれた書物なので、称徳天皇が否定的に見えないよう配慮したとしても、おかしくはない。

▼宇佐八幡宮が気を利かせた？

では、神託事件も天皇が主導したのだろうか？　その可能性も指摘されているが、ここで注目したいのは別の説。**宇佐八幡宮が気を利かせて神託を出した**、という説である。称徳が仏教を重んじて道鏡を非常に優遇していたことは、朝廷や寺社にとって有名だった。そこで、気を利かせた神託を出したのでは、というわけである。

『続日本紀』にも、道鏡や天皇が神託を出すために裏工作をしたという記述はない。この記述が正しいと考えれば、失脚後に重罪にまでならなかったこともうなずける。道鏡からしたら、とばっちりのような事件だったのかもしれない。

和気清麻呂。宇佐八幡宮から、道鏡の天皇即位を否定する神託を得た。これに道鏡は怒り、清麻呂を「別部穢麻呂（わけべのきたなまろ）」と改名して大隅国に配流にしたという

17 聖武天皇にまつわるウソ

通説 臣下の反乱をきっかけに何度も遷都した

真相 反乱前から遷都は計画されていた

▼反乱前からあった行幸計画

聖武天皇は、中国大陸から仏教文化や技術を積極的に受け入れた天皇だ。東大寺の大仏造営を主導したのも、聖武である。目的は、仏教の力で国や朝廷の安泰を祈ることにあった。日本史の授業で聞いた記憶がある方もいるだろう。加えて、**都を幾度も変更する**という、風変わりな行動でも知られている。

聖武天皇は、5年の間に四度も遷都を行っている。天平12年（740）に平城京から恭仁宮（京都府木津川市加茂）へと遷ったの皮切りに、紫香楽宮（現滋賀県甲賀市信楽町）、難波宮（現大阪市）と次々に都を変更してから、天平17年（745）に平城京へと戻った。

遷都をすれば天皇や皇族、群臣の宮殿などを新築・移設する必要があり、国庫への負担が大きい。同じ天皇が短期間に何度も遷都をするメリットがあるとは考えにくい。それでも遷都を繰り返したのは、「**藤原広嗣の乱への恐怖**」が原因だとされてきた。

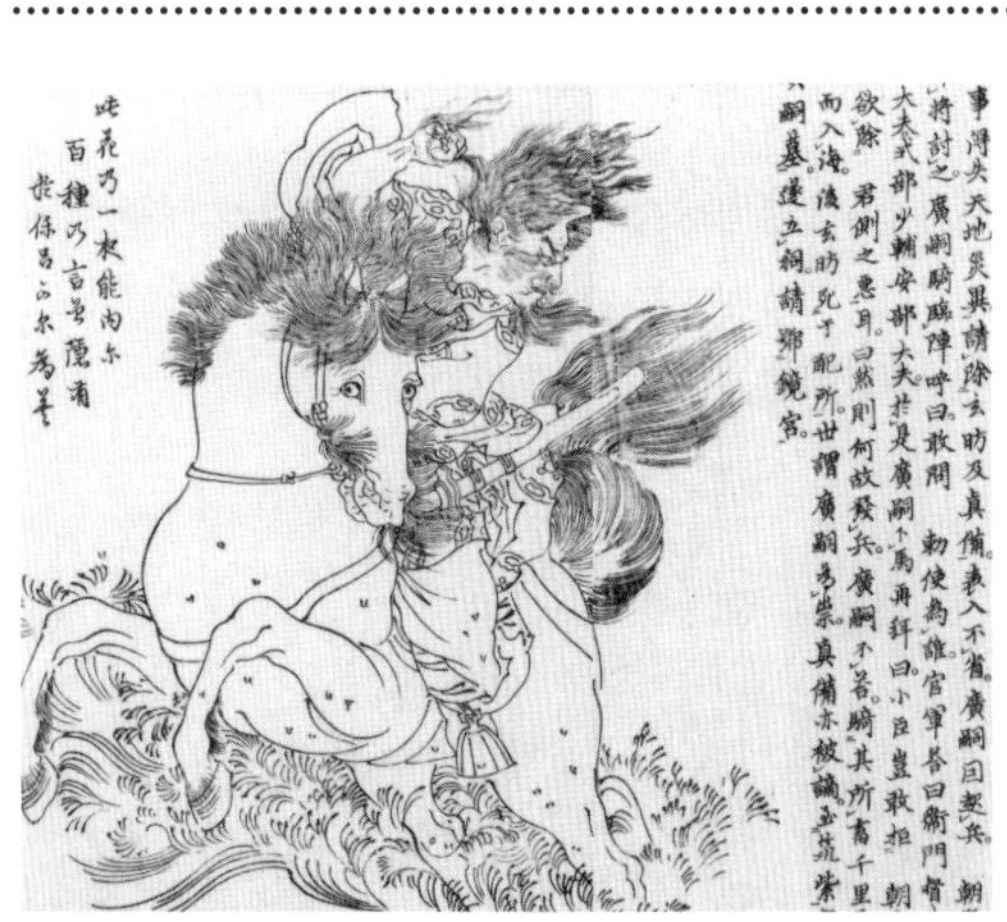

大宰府に左遷させられていた藤原広嗣は、天変地異の理由を政治の乱れにあると聖武天皇に上表。唐への留学経験のある玄昉と吉備真備を除くよう主張した（『前賢故実』国会図書館所蔵）

度重なる天変地異の原因が政治の乱れにあると思った広嗣は、挙兵の準備を進めた。朝廷側が機先を制したために広嗣の軍勢は敗れたが、この出来事に聖武はショックを受け、戦いの途中で東国へ行幸（ぎょうこう）してしまう。戦いが終結してから幾度も遷都を行ったのも、広嗣の反乱がトラウマになったからだった――。

だが現在、広嗣への恐怖から関東行幸が実施されたという通説は、否定されている。**東国への行幸は反乱勃発前に計画されており、広嗣軍の決起で延期されていたにすぎなかった**。行幸が実施されたのは、単に反乱鎮圧の目途が立ったためである。

▼古代の畿内地図（『岩波日本史辞典』古代畿内図を元に作成）

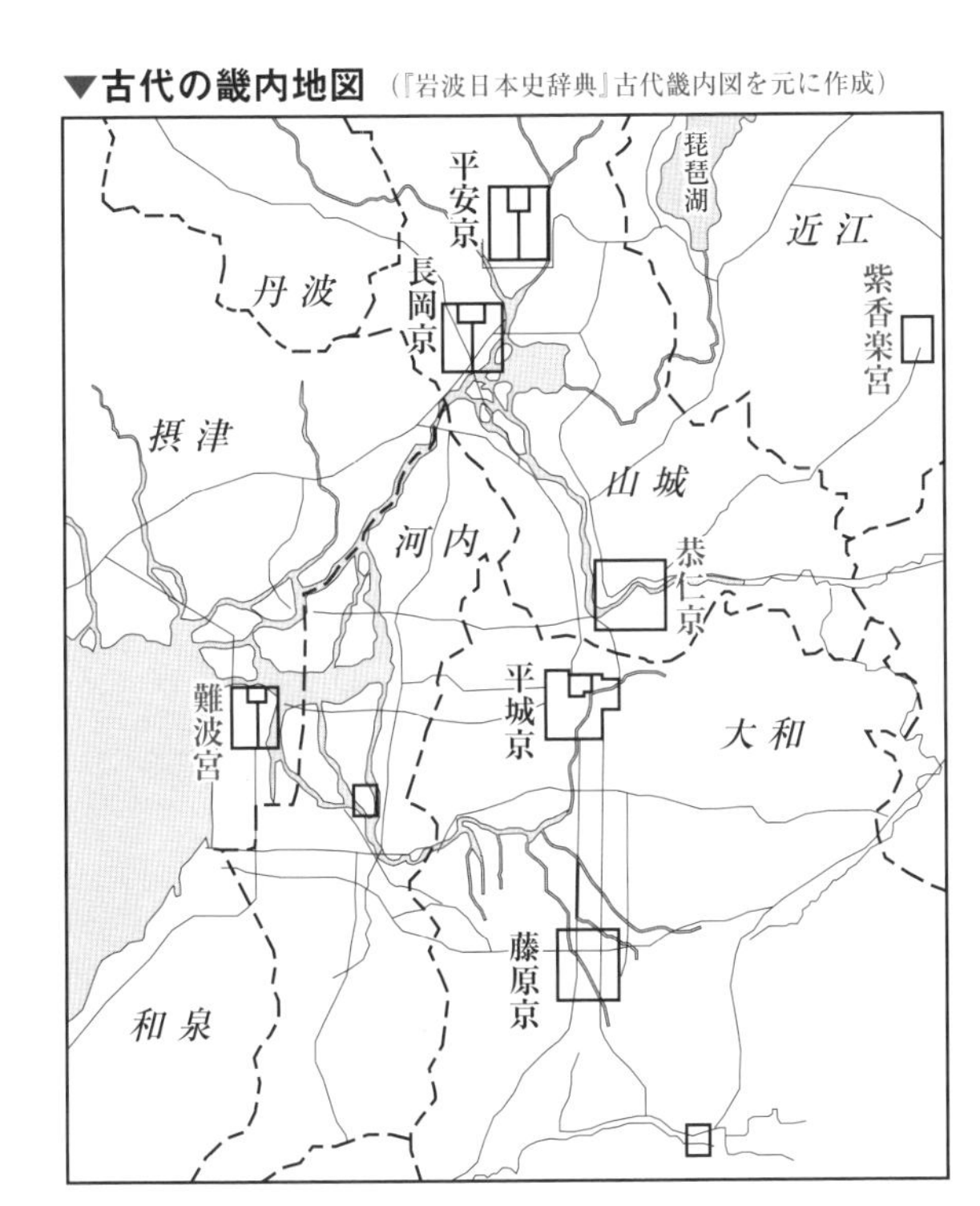

▼国土の復興が遷都の目的か

では、行幸後に何度も遷都をしたのはなぜなのだろう？　有力なのは、**国土の復興説**である。

反乱前後の平城京は疫病の傷跡が色濃く残り、河川も人骨が散乱するほどの惨状だったという。そんな穢（けが）れが蔓延する都から離れ、新しい都で心機一転しようとしたのではないかという説である。奈良時代初期より離宮が置かれ、『万葉集』で山川の清浄さが絶賛された恭仁宮は、まさに国の穢れを浄化するのに最適な地であった。

この説では、なぜ造営途中で紫香楽宮や難波宮に遷都したのかは説明できないが、恭仁京への遷都の説明としては、無視できない。

仮説は他にもある。

例えば、「朝廷政争説」という説がある。奈良時代には、朝廷内では藤原氏や皇族、貴族の対立が頻繁に起きていた。これに危機感を抱いた天皇が平城京を捨てた、という説だ。その他には、唐の複都制をまねて複数の首都を置こうとしたという説もある。また、行幸のルートが壬申の乱における天武天皇の進軍路と似ていることから、壬申の乱を再現して天皇の権威復興をアピールしようとしたとする説もある。

聖武はその治世で、戦乱や政争、自然災害に相次いで直面した。そうした境遇のなかで大きな迷いを抱いたことで、都を転々とするようになったのかもしれない。

18 源義経にまつわるウソ

通説 後白河法皇に騙されて頼朝と対立した

真相 法皇は義経を騙すつもりはなかった

▼義経は法皇に騙されていない

源義経は、一ノ谷の戦いなど多くの合戦で源氏を勝利に導いた、平家打倒最大の功労者だ。一方、兄頼朝と対立して命を落とした、悲劇のヒーローとしても有名である。通説では、両者が対立するよう、後白河法皇が手引きしたとされてきた。

鎌倉幕府が編纂した『吾妻鏡』には、次のようにある。

平家滅亡が確実となると、法皇は源氏の力を削ぐために、義経に都の治安維持を担う検非違使の職と左衛門少尉の官位を与えた。一ノ谷の戦いの恩賞に不満を抱いていた義経は、法皇の任官を受けてしまう。これが、頼朝の逆鱗に触れた。頼朝の許可を得ない任官は源氏内で禁止されていたためだ。頼朝は義経を平氏追討の任務からはずし、源範頼に義経追討を命じた――。

後白河法皇。平氏追討を主導した源頼朝に、当初は信頼を寄せていた（模本／東京大学史料編纂所所蔵）

義経が頼朝の命により追討されたのは事実である。だが、その過程を説明する右の通説は、すでに否定されている。『吾妻鏡』は鎌倉幕府の正当性を示すためにつくられた歴史書である。その点を考慮した研究によって記述の矛盾が明らかにされ、新たな視点が示されているのである。

▼義経を重宝する頼朝

頼朝が義経の検非違使任官に激怒したことを裏付ける、同時代の史料はない。むしろ、**任官後に乳母の孫娘との婚姻を後押しするなど、頼朝は義経を重用していた**。

乳母は比企尼といい、伊豆に流され味方のいない頼朝を育て支援した、頼朝の大恩人だ。頼朝はその恩を忘れず、比企氏を重宝していた。そんな比企氏との婚姻を後押ししたということは、頼朝にとって義経が重要な存在だったと言っていいだろう。

また、義経が平氏追討の任務からはずされたのは事実だが、理由は頼朝の怒りを買ったからではなく、**畿内の平氏残党に対処するため**である。都の治安維持と畿内の平定が、義経に任された任務だった。

そもそもこの時期に、後白河が頼朝と義経の仲を引き裂くメリットはない。源氏と後白河の共通の敵である平氏は、いまだ西国に勢力を保っていた。頼朝と義経が対立してしまえば、畿内の治安が悪化して、平氏が勢いを取り戻すかもしれない。そんな事態を後白河は招きたくなかったはずだ。

▼頼朝の構想に反する義経

ではなぜ頼朝との関係が悪化したのか？考えられる要因は二つある。

一つは、壇ノ浦の戦いの失策である。頼朝は三種の神器と安徳天皇を保護すべく、持久戦を取るつもりだった。ところが義経が短期決戦に持ち込むと、安徳は入水し、三種の神器の草薙剣も海底に没した。

もう一つ、**義経が伊予守就任時にとった態度は頼朝の逆鱗に触れた**。伊予守は源氏にとって最高の名誉で、頼朝は義経が任官するよう法皇に要請していた。

平家追討のため源頼朝が御家人を集めて評定する場面。左側には義経の名前も見える（「鎌倉大評定（部分）」）

伊予守になるのなら、慣例に基づいて検非違使の職を辞任する必要がある。頼朝は、義経の検非違使辞任により都から距離を置くと、朝廷にメッセージを送るつもりだったのだろう。

だが、義経は伊予守と検非違使の両職を兼任してしまう。朝廷に頼らない軍事的利権の確保を目指していたのに、弟が法皇の部下では、源氏の面目が丸つぶれだ。

義経兼任の裏には、義経を都においておきたいという、後白河の動きがあったともいわれる。**後白河は頼朝と良好な関係を築いていたため、源氏に敵対する意図はなかったと考えられる**が、頼朝からすれば、後白河と義経が結託しているように見えただろう。おそらくこの頃から、頼朝は義経への不信感を強めていった。

義経にも、兄への不満はあった。平氏滅亡後に占領地を没収され、思うような恩賞を与えられなかったからだ。そうしたなか、義経は反頼朝派の源行家と結託。後白河に頼朝追討の命を出すよう求め、あとに引けない状況になったのだ。

19 後鳥羽天皇にまつわるウソ

通説
鎌倉幕府打倒のため軍事力を強化した

真相
倒幕ではなく幕府懐柔が目的だった

▼幕府懐柔政策

後鳥羽上皇は、承久の乱を起こして鎌倉幕府に真っ向から対抗した人物である。

政治への関心が強かった後鳥羽は、わずか19歳で息子に皇位を譲り、上皇として院政を開始。仲恭天皇までの3代にわたって朝廷を取り仕切った。

そんな後鳥羽からすると、鎌倉幕府は朝廷による統治を妨げる邪魔者でしかない。そこで幕府を打倒するために軍事力を強化し、討幕計画を練っていた、というのが通説である。

ここでいう軍事力とは、院御所の西方に置かれた西面の武士のことである。身辺警護を名目に、有力御家人を囲ったのだ。その後、3代将軍実朝が暗殺され、幕府が動揺している隙に、上皇は討幕を決行した。だが、幕府が御家人の大規模動員に成功したことで、朝廷は敗北。上皇は佐渡に流され、幕府が名実ともに朝廷を上回る権力を手に入れることになった。

このように、上皇が計画的に幕府打倒を目指していたと考えるのが通説だった。だが現在、この通説は否定されている。上皇がいつ討幕を決断したかはよくわかっていないものの、**実朝の存命中には武力蜂起の意志はなく、むしろ朝廷と幕府の融和を図ろうとしていた**と、考えられるようになっているのだ。それが叶わなかったのは、実朝が暗殺されて融和政策が失敗したことが影響しているとみられる。

▼都に憧れる将軍実朝

後鳥羽は実朝と、直接会ったことはな

い。それでも両者は親密な関係を築いていた。

例えば、実朝という名前は、将軍就任にあわせて後鳥羽が命名した。建仁（けんにん）3年（1203）9月、実朝が12歳のときだ。その2カ月後には、後鳥羽は従姉妹を鎌倉に送っている。目的は、両者の婚姻関係を結び、幕府と朝廷の関係を強化することである。

さらに、上皇は実朝に歌集を送るなど、朝廷文化を通じて友好的な態度を見せていた。実朝も歌を送るほどに上皇へ信頼を寄せるようになり、都の文化へのあこがれを強くしていったようだ。実朝がまとめた和歌集である『金槐（きんかい）和歌集』には、京への憧れや将軍としての鬱積などが詠まれており、後鳥羽から影響を受けたと思しき歌も収録されている。

後鳥羽上皇と親密な関係を築いた３代将軍源実朝。頼朝の次男。２代将軍頼家の子である公暁に暗殺された。公暁は実朝を父頼家の敵としてみなしていたが、実際に頼家を殺したのは北条氏の刺客。公暁による実朝殺害も北条氏や有力御家人が裏で手を引いていたという説がある

後鳥羽からすれば、実朝との関係強化によって、幕府を間接的に支配する腹積もりもあったのだろう。**子がいなかった実朝は、上皇の息子を次期将軍にするつもりだった**。鎌倉幕府の有力御家人たちも、天皇の子であれば権威としては申し分ないとして、当初は歓迎していた。後鳥羽上皇が幕政に関与した可能性は、十分にあったのだ。

▼幕府からのつきあげ

しかし、実朝が暗殺されたことで融和策は無に帰した。上皇は息子まで殺されるのではと不信感を抱くようになり、鎌倉に将軍に出すことを忌避するようになる。結局、将軍は幕府と関係の深い九条家から将軍を出すことになった。こうした融和策の失敗が引き金となって、後鳥羽は武力攻撃を決断したと考えられている。

なお、戦いに勝利した幕府は支配領域を西国にまで伸ばしたが、北条氏は当初から朝廷を敵に回すつもりはなく、むしろ上皇との戦いを避けようとしていた。

御家人を団結させた北条政子も、演説で上皇への追及は徹底して避けていた。上皇が敵軍にいた場合の対応を聞かれた2代執権義時（よしとき）も「武器を捨てて降伏せよ」と助言している。権力が衰退しているといえども、天皇家に直接弓引くことは避けたかったようだ。

実朝死後に将軍となった九条頼経。幕府と親密な関係を築いた九条家から将軍を迎えて、実権は北条氏が握った（『集古十種』国会図書館所蔵）

20 後醍醐天皇にまつわるウソ

通説 後醍醐は鎌倉幕府打倒計画を2度企てた

真相 当初は幕府と協調しようとしていた

▼幕府の協力を仰ごうとした？

鎌倉幕府を倒し、朝廷中心の政治を復権させた**後醍醐天皇**。通説では、天皇は早くから鎌倉幕府打倒を志し、2度の倒幕計画を企てたといわれてきた。

なぜ幕府を打倒しようとしたのか？『太平記』によれば、子を即位させたい後醍醐にとって、即位の決定権を持つ鎌倉幕府が邪魔だったからだ。元亨4年（1324）の討幕計画は密告によって失敗し（**正中の変**）、7年後に立てた計画も幕府に露見して流罪となったものの（**元弘の変**）、三度目の挙兵により執念は実り、後醍醐は鎌倉幕府を滅ぼした。

以上が通説だが、こうしたイメージは見直されつつある。**後醍醐は当初、幕府の承認を受けて皇統を確立しようとした。**それが叶わなかったので倒幕に踏み切ったと考えられるようになってきたのだ。

▼政敵にはめられた後醍醐天皇

まずは、後醍醐が置かれていた政治的環境を整理しよう。

鎌倉時代の朝廷には、持明院統と大覚寺統という二つの皇統が存在した。両者の仲は悪かったが、幕府の仲介を得るなど紆余曲折を経て、交互に天皇を出す慣例ができる。これを、両統迭立という。そして、天皇の父（もしくは祖父）の上皇が朝廷を主導する院政により、朝廷の政治はとり行われていた。

後醍醐は、大覚寺統の血統である。行動力ある天皇として知られるが、権力は不安定だった。大覚寺統の嫡流である邦良親王

▼後醍醐天皇系図

数字は天皇代数

- 後嵯峨（ごさが）88
  - 宗尊親王（むねたか）
  - 【持明院統】後深草（ごふかくさ）89
    - 伏見（ふしみ）92
      - 後伏見（ごふしみ）93
        - 光厳（こうごん）
        - 光明（こうみょう）
      - 花園（はなぞの）95
  - 【大覚寺統】亀山（かめやま）90
    - 後宇多（ごうだ）91
      - 後二条（ごにじょう）94
        - 邦良親王（くによし）
      - 後醍醐（ごだいご）96　邦良の中継ぎ
        - 尊良親王（たかよし）　即位断念
        - 世良親王（ときよし）　即位の期待がかかるも病死
        - 護良親王（もりよし）
        - 宗良親王（むねよし）
        - 恒良親王（つねよし）
        - 成良親王（なりよし）
        - 後村上（ごむらかみ）
        - 懐良親王（かねよし）

が幼かったため、親王が成長するまで、傍流の後醍醐が中継ぎとして即位したのだ。

中継ぎである以上、後醍醐が院政を行なえる可能性は低い。政治を主導するには子を天皇につける必要があるが、後醍醐は持明院統からも大覚寺統からも、譲位のプレッシャーをかけられた。正中の変が発覚したのは、そんな状況下においてである。

幕府の取り調べに対し、後醍醐は無罪を主張した。通説では天皇が偽りを述べたと考えられてきたが、河内祥輔氏は、天皇の言い分が正しかったと推測する。そのうえで、**政敵が後醍醐を退位させるために幕府に偽りの噂を流したのでは**、と主張している。事件が起きる3カ月前には、大覚寺統の家長である後宇多上皇が死去していた。この混乱に乗じて政敵が幕府に後醍醐の謀略を伝えたのでは、というわけだ。

鎌倉幕府が後醍醐を無罪と判断したのも、右のように考えれば説明はつく。側近の日野資朝が処罰されたのは、調査で朝廷が混乱するのを防ぐためだろう。つまり、後醍醐は謀略に巻き込まれた被害者だという考えである。

▼子が即位する可能性があった

そもそも、**正中の変が起きた時期に後醍醐が幕府を打倒する動機がなかった。**幕府の後ろ盾を得て、後醍醐の実子が即位できる可能性があったからだ。

後醍醐には、幕府と関係の深い、西園寺家出身の皇后がいた。彼女は第二皇子である世良親王を産んでいる。第一皇子は持明院統の妨害によって第一継承者になれなかったが、世良親王であれば幕府の協力を受けて皇位につける可能性はあった。

しかし、天皇の目論見は外れる。期待をかけた世良親王は、元徳2年（1330）に病死した。同じく西園寺家出身の中宮が子を産むよう、出産祈祷を命じたこともあったが、願いは叶わなかった。

実子が即位する可能性がなくなったことで、天皇は討幕を考えるようになったのだろう。翌年に露見した元弘の変は、その考えが結実した結果だと思われる。

後醍醐天皇の側近・日野資朝（『前賢故実』国会図書館所蔵）

21 足利尊氏にまつわるウソ

通説 尊氏は後醍醐天皇に不満を抱いていた

真相 後醍醐天皇の政権に満足していた

▼南北朝誕生の真相

室町時代初期（1337〜1392）は、南北朝時代と呼ばれている。この約60年間、朝廷は京都と奈良の吉野に分裂し、武力抗争を繰り広げた。背景には、**足利尊氏と後醍醐天皇の対立**があったとされる。

以下はかつての通説だ。尊氏は、鎌倉幕府討伐に参加した後醍醐政権の功労者。だが、後醍醐に不満を抱き、武家政権樹立を秘かに目指した。謀反を企てたとして後醍醐から追討軍を派遣されるも、尊氏はこれを撃破。上洛を果たすと、比叡山へ逃れた後醍醐に代わり、光厳上皇の復帰と光明天皇の即位を支援し、北朝を立てた。対する後醍醐は吉野に南朝を開いたことで、二つの朝廷が立つ時代が始まった——。

だが、こうした通説には疑問が呈されている。**尊氏には武家政権を樹立する気はなかった**と考える向きが、現在は強いのだ。

▼後醍醐の処遇に満足する尊氏

尊氏が武家政権樹立を目指したと考えられてきたのは、鎌倉の幕府残党を鎮圧するため、天皇に出陣の許可と、征夷大将軍の位を求めたからだ。真意は武家政権樹立を見越していたと考えられていた。

だがそもそも、**尊氏には武家政権樹立の動機がなかった**。尊氏は建武政権下で、軍事・警察の最高責任者である**鎮守府将軍**として重用されていた。兄の死で偶然家督を継いだ尊氏にとって、北条家トップを超える地位につくなど、考えられなかっただろう。この時代には足利家以外にも有力な源氏の家柄が多数あったから、お墨付きを与

中央上部にいるのが足利尊氏。後醍醐天皇方の新田義貞軍との戦いで押された後、軍評会議を開いている場面（『大日本歴史錦絵』国会図書館所蔵）

えてくれた後醍醐に感謝していたはずだ。

『太平記』は、残党鎮圧後も尊氏が鎌倉に残留したことを謀反の根拠にしている。だが尊氏が帰京しなかったのは、**関東の治安維持を優先した**からだと考えられる。反乱は鎮圧したものの、首謀者の北条時行（ときゆき）をとり逃していた。治安が悪化するおそれがあり、すぐに帰京するのは危険だった。

ただ、尊氏の意図がどうあれ、尊氏謀反の噂が朝廷に舞い込むと、**後醍醐は尊氏が謀反の準備をしているとみなし、尊氏の弁明を無視して討伐軍を派遣した**。

尊氏は恭順の意を示すために出家をして、戦いを弟の直義（ただよし）に任せた。だが、直義が敗走し続けたことで、尊氏はやむなく出陣。天皇の軍と戦わざるを得なくなる。

▼北朝をやむなく支持する尊氏

北朝成立後、尊氏は後醍醐に京帰還を求めた。南北分裂を解消するためである。

皇位継承の証である三種の神器は、後醍醐によって比叡山に持ち出されたため、光明は神器なしでの即位している。権威の正当性を示すためには、後醍醐との和睦が欠かせなかった。後醍醐はこれに応えて京へと戻り、三種の神器を北朝に渡している。

尊氏が北朝を支持したのは、**朝廷の混乱を防止するため**だ。朝廷の儀式は後醍醐の不在により実施が難しくなっていた。天皇不在が長期に及べば、朝廷が機能不全に陥るおそれがある。そのため、天皇を擁立したわけだ。

尊氏からすれば、北朝を優遇するつもりはなかった。尊氏は光厳の院政開始を後押ししたが、後醍醐帰還後には、後醍醐が連なる皇統から天皇を即位させようとした。**両者から交互に天皇を即位させることで、対立を抑え込もうとした**のだ。

しかし後醍醐は吉野へ逃亡し、尊氏の目論見ははずれる。こうして半世紀以上も朝廷が二分する事態が続いたのである。

地方武士の名和兄弟の協力を得て配流先の隠岐島を抜け出した後醍醐天皇（『国史画帖 大和櫻』国会図書館所蔵）

22 武田信玄にまつわるウソ

通説 川中島の戦いで上杉謙信と一騎打ちに

真相 一騎打ちは作り話の可能性が高い

▼川中島の戦いは作り話

武田信玄の信濃侵攻で始まった武田家と上杉家の決戦。それが**川中島の戦い**だ。複数回行われたうち、第四次川中島の戦いは特に有名である。知名度が高いのは、戦いが激戦となり、信玄と謙信の一騎打ちが起きたといわれてきたからだ。

妻女山（さいじょさん）に布陣する謙信に、別働隊を送り「啄木鳥（きつつき）戦法」と呼ばれる奇襲作戦を決行する信玄。しかし、謙信は作戦を見破って逆に信玄を奇襲。大将同士の一騎打ちが起きる大乱戦になった――。

▼川中島の戦い地図

永禄4年（1561）9月10日

このようなドラマティックな展開で知られる第四次川中島の戦いだが、実は実態はほとんどわかっていない。信頼性の高い史料がなく、有名なエピソードは史実とはいえないものばかりなのだ。

合戦の様子を伝える史料は、『**甲陽軍鑑**（こうようぐんかん）』という江戸時代の兵学書しかない。編纂したのは、武田家家臣の末裔・小幡景憲（おばたかげのり）だ。江戸時代には武田家の戦歴や戦法を記録した軍学書として

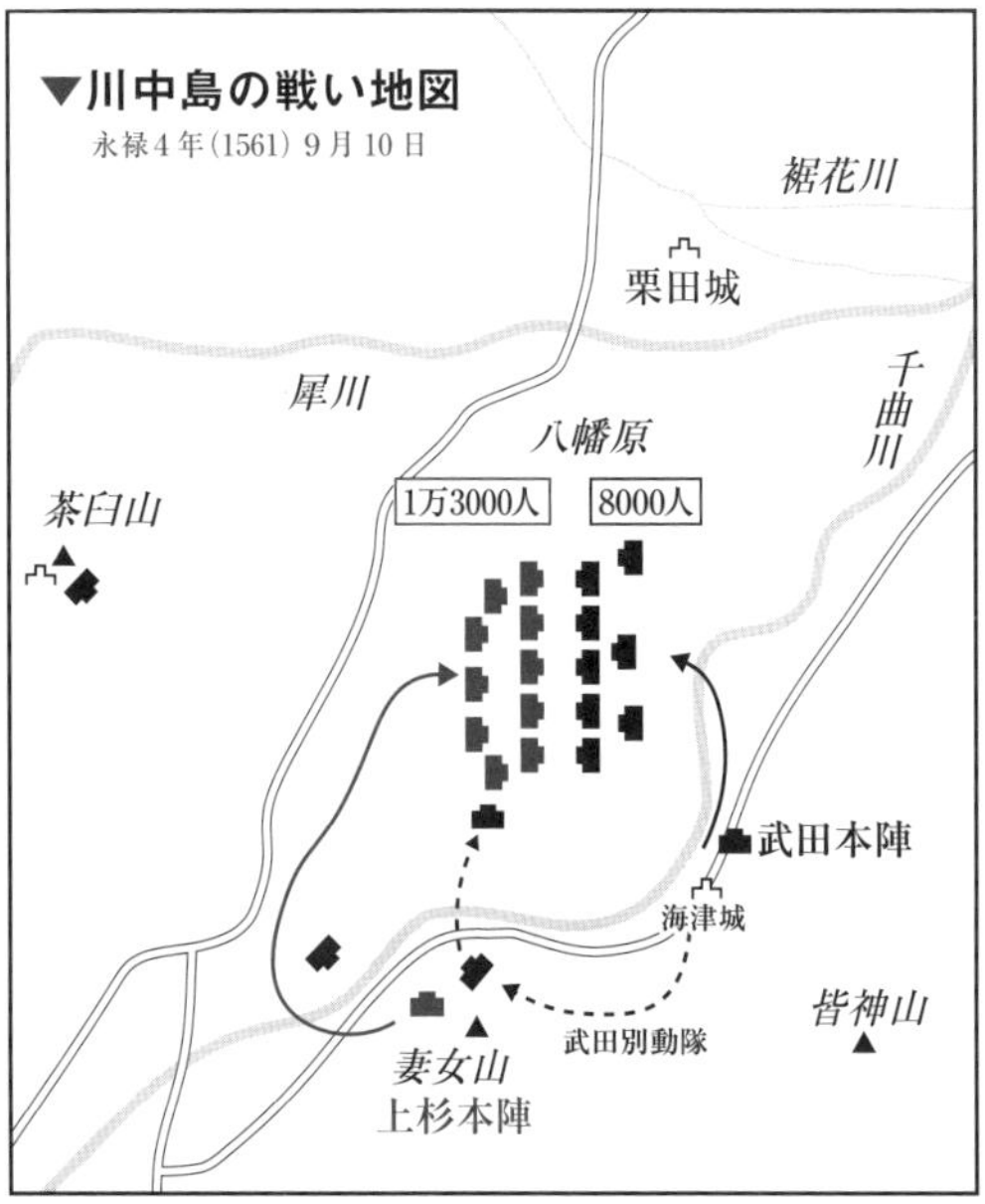

読み継がれてきたが、明治時代になると評価は一変する。東京帝国大学の田中義成教授が年代や出来事の誤りを指摘し、偽書説を唱えたのだ。

信玄と謙信の一騎打ちについては、**当時の軍事常識にそぐわない**ことが指摘されている。そもそも謙信は、上杉家当主にして軍の総大将。総大将は最も安全な最後尾で指揮を執るのが、当時の常識である。**乱戦になったとしても、陣頭指揮をしていたとは考えがたく、ましてや単騎で敵陣まで駆ける可能性は限りなく低い。**

武田信玄と上杉謙信の一騎打ちを描いた図。『甲陽軍鑑』に基づき、謙信が馬上から振り下ろした刀を、信玄が軍配で受ける姿が描かれている（歌川国綱《2世》「信州川中嶋大合戦之図」東京都立図書館所蔵）

▼戦術も創作だらけ

創作が指摘されているエピソードは、まだある。上杉謙信が使ったとされる、「車懸り（くるまがかり）の陣」もその一つ。部隊が円を描くように波状攻撃をする戦術だが、近代的な軍隊ならともかく、農民主体の当時の軍では実現不可能な戦術である。

同じく、武田の別動隊が上杉本陣を奇襲した際に用いたという啄木鳥戦法も、1万2000人を奇襲に使うというずさんな内容から、後世の創作だとされている。

では信頼性のある史料に基づき、『甲陽軍鑑』の内容も精査すると、第四次川中島の戦いはどういった経緯で進んだといえるのだろうか？

合戦時、川中島には濃霧が発生していたと、複数の史料に記録されている。そんななか、双方の軍が進軍先を見誤って偶然にも接近した。これにより大乱戦になったのだろう。両軍の死傷者は、あわせて2万5000人以上。数字をうのみにはできないものの、激戦の末に多くの死傷者が出たことが、この数字には反映されているのかもしれない。

▼川中島以外も戦場だった

現在では、川中島周辺の戦いも含めた5回にわたる合戦を川中島の戦いと呼ぶことが多い。だが、厳密にいえば実際に川中島の地で戦いがあったのは、2回目と4回目のみ。しかも、**大規模な戦闘があったのは4回目だけ**だ。その他の戦いでは武田と上杉が積極的に戦うことはなく、戦闘があっても短期間の小競り合いに終わった。こうした事情を考慮して、明治時代から戦後までは、「二戦説」が通説になっていた。

現在は、武田と上杉が対立していた点に重点を置く考えから、川中島周辺で起きた5回の争いを一括して川中島の戦いと呼ぶことが多い。

23 織田信長にまつわるウソ

通説
桶狭間の戦いで今川を倒し下剋上を実現

真相
下剋上といえるほど国力差はなかった

▼互角だった信長と義元

桶狭間の戦いには、小大名の**織田信長**が、大大名の**今川義元**を破った奇跡の戦いだというイメージがある。今川家は足利将軍家親族の名門だ。古くから駿河の守護に任じられ、義元の時代には遠江、三河も領有していた。桶狭間の戦い直前には、尾張の南東部にまで勢力を伸ばしている。

対する織田家は、有力大名だった斯波家の代役として土地を治める守護代の家系。信長の父の代で独立するが、領土は尾張一国の一部のみ。信長の当主就任直後には弟・信勝が謀反を起こすなど、家中は安定していなかった。桶狭間の戦いで信長が招集できた兵は６０００人（信長本隊２０００人）だったのに対し、今川の軍勢はおよそ2万５０００人。兵数は史料によって異なるものの、両者に大きな差があった。だからこそ、桶狭間の戦いで信長が勝ったのは、奇跡だと考えられていた。

しかし現在は、両家の格差はそれほどなかったという見方が有力だ。その根拠は、**織田家の「経済力」**にある。

今川家が東海道と金山整備で財を増やしたように、織田家は**水運業**を経済の柱としていた。織田家が支配下に置いた伊勢湾の津島港は、伊勢と三河を繋ぐ重要な商業航路であった。この地を押さえた織田家は、**船舶からの手数料徴収と交易事業で、多大な富を得ていた**のだ。

信秀はこの利益を元手に朝廷への献金で影響力を強め、培った軍事力で幾度も三河に侵攻していた。加えて尾張の濃尾平野は土壌が肥沃だったので、実質的な石高は今川家が領有する三国と大差はなかったという意見がある。そうなると、両家の国力は互角に近いことになる。

桶狭間の戦いの様子を描いた錦絵。左側の槍を突きたてられているのが今川義元（歌川豊宣「尾州桶狭間合戦（部分）」）

▼誤解が生じた理由

こうした誤解が起きたのは、桶狭間の戦いに関する一次史料が少ないからだ。織田家が動員できた人数でさえ、現在では議論の的になっている。周辺国を警戒して兵を分散させていたという説や、そもそも通説よりも織田兵は多かったという説もあり、はっきりしたことはわかっていない。

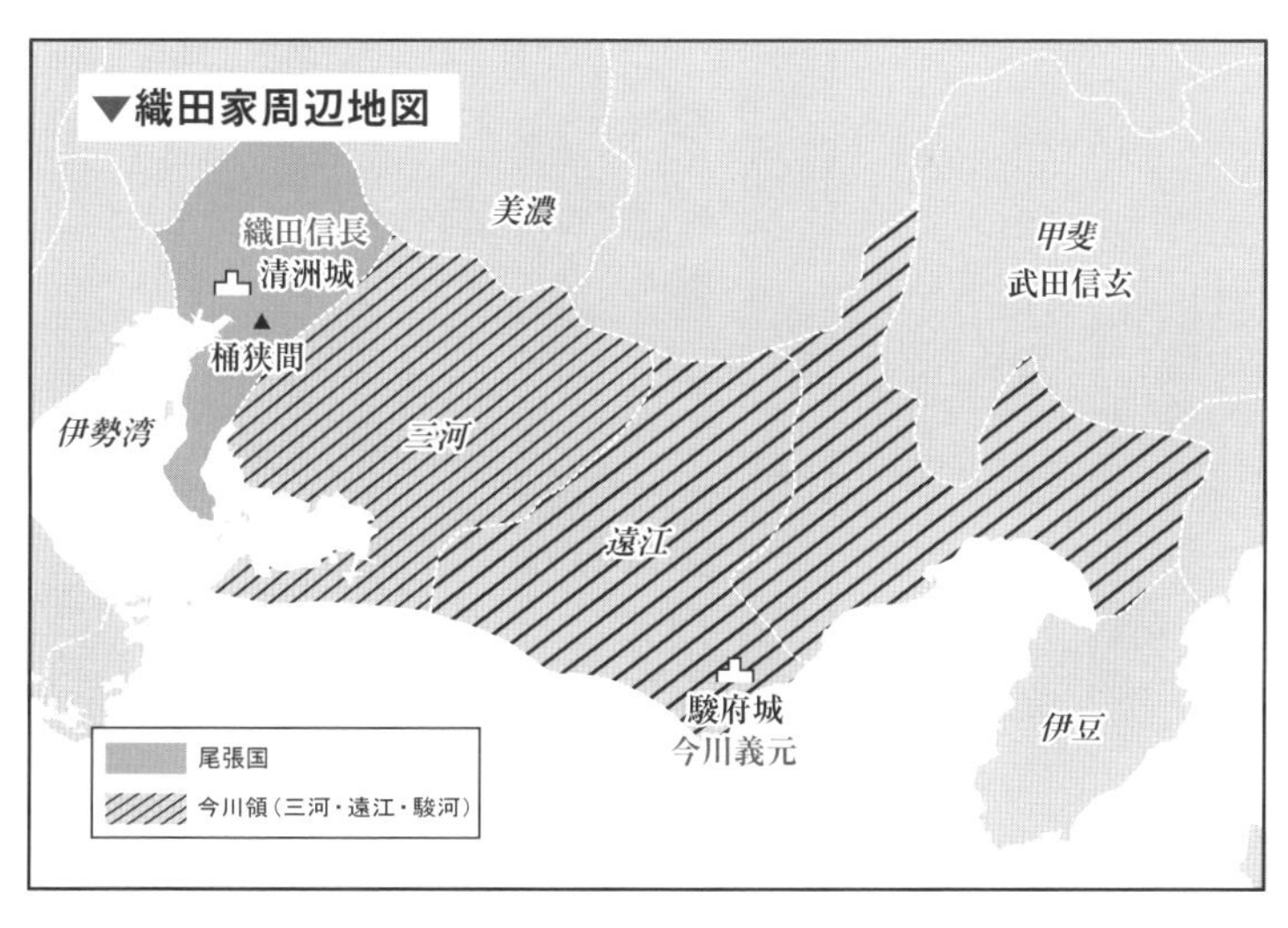

▼そもそも奇襲ではなかった

信長が今川義元を奇襲で倒したという通説にしても、実はすでに否定されている。以前は、義元が休憩していると報告を受けた織田軍が今川本陣の背後に迂回し、豪雨に乗じて奇襲を仕掛けたとされていた。ところがこの通説は、小瀬甫庵の『甫庵信長記』という、信憑性の低い史料に基づいている。近年は信長の元家臣・太田牛一が記した『信長公記』に基づき、**織田軍は迂回せずに真正面から突撃し、今川軍が大混乱に陥るなかで、義元を討ち取った**と考えられるようになっている。

信長が義元の不意を突けたのは、天候も影響している。この日、桶狭間には大木が倒れるほどの暴風雨が吹き荒れていた。織田軍は大雨を背に進軍した一方、今川軍は正面から降る大雨に視界を遮られていた。

織田軍としては、先行部隊に一撃を与えることを目的に、進軍していたらしい。それが偶然にも、今川本隊の不意を突くかたちになったのだ。

2万5000といわれた今川の兵力も、砦の攻略で分散し、義元の周辺に5000人前後しかいなかったようだ。こうした偶然が重なった結果、織田軍は今川軍を打ち破ることができたと考えられている。

24 明智光秀にまつわるウソ

通説 光秀は黒幕に操られて謀反を起こした

真相 光秀による単独犯の可能性が高い

▼すでに否定されている陰謀説

戦国時代最大級の事件である、**本能寺の変**。毛利攻めに備えて京都本能寺に宿泊していた織田信長が、家臣の明智光秀に襲撃されて命を落とした事件だ。信長の死により織田家の天下統一は頓挫し、戦国の勢力図は大きく変化した。

この事件の最大の謎とされているのが、**光秀の動機**である。かつてドラマや小説では、信長への私怨を原因として描くものが多かった。だが、根拠とされた史料は全て江戸時代のもので、信憑性は低い。

ではなぜ光秀は謀反を起こしたのか？注目されたのが**黒幕説**である。有力な人物か集団が光秀に協力したと囁かれるようになり、朝廷、足利義昭、羽柴秀吉などが候補として挙げられた。陰謀論はたびたび話題になってきたため、ご存じの方もいるだろう。

だが、こうした黒幕説にはいずれも問題点がある。例えば朝廷黒幕説は、朝廷と織田家による権力闘争を背景に成り立っていた。しかし近年では、信長は献金などを通

足利義昭は信長の協力により京に入り、将軍になることができたが、のちに信長と対立。反信長勢力に挙兵を促して信長を裏切った。ただ、自身の軍事力を持たない義昭に、反信長勢力を統御するだけの力はなく、光秀を従えることができたとは考えにくい（「足利義昭坐像」等持院所蔵／写真出典：「国史肖像集成」国会図書館所蔵）

じて天皇や朝廷との関係を重んじていたことがわかっている。朝廷にとって信長は貴重な資金提供元であり、殺す理由はまったくない。

　足利義昭説にしても、義昭には実行するだけの実力がなかった。義昭は本能寺の変を知ると居候先の毛利家に上洛支援を要請したが、当主らから無視されている。居候先とも提携できずに光秀と共闘するのは不自然だし、毛利も動かせない義昭に光秀が従うとは考えにくい。

▼秀吉黒幕説はただの推測

　秀吉説に至っては、推論に推論を重ねたもので史料上の根拠はない。秀吉説は「本能寺の変後に最も得をした」という結果から導き出されたもので、証拠がないのはもちろん、冷静に考えれば非現実的である。信長を光秀に討たせた後、わざわざ光秀に合戦を仕掛ける必要はまったくない。一歩間違えれば秀吉自身が光秀に殺されるかもしれないし、そもそも光秀の謀反が成功するとも限らない。そんな状況を、秀吉が自らつくるだろうか。

▼四国説から光秀の動機を探る

事件は、光秀の突発的犯行だと考えるのが自然だ。事件直前には畿内から織田家有力家臣が出払い、光秀だけが大軍を保有する状況にあった。光秀が信長打倒を意識したとしてもおかしくはない。

　では、光秀の動機は何か？　諸説あるものの、近年は**四国説**が注目を集めている。

　この頃の四国では、長年の激しい主導権争いに決着がつき、**長宗我部（ちょうそかべ）家**が支配権を固めつつあった。その長宗我部家に、信長は四国の領土保障を約束する。そして織田家と長宗我部家の仲介役に選ばれたのが、光秀だ。光秀配下の斎藤氏が長宗我部家と

長宗我部元親。長宗我部と織田の交渉が決裂すると、信長は三男信孝を大将に四国攻めを命令する。光秀はこの侵攻からはずされた（模本／東京大学史料編纂所所蔵）

縁戚関係を結んでいたことが、理由だったとされる。

　だが、信長は方針を翻し、長宗我部攻めを決定してしまう。光秀は融和を図るべく交渉したものの、結局両者は断交。光秀は面目が丸つぶれとなり、**信長からあからさまに遠ざけられてしまう**。信長は林秀貞（はやしひでさだ）や佐久間信盛（さくまのぶもり）など、失敗したベテラン家臣を追放してきた。光秀からすれば、自分も同じように処分されるのではと、焦りが生じてもおかしくはない。そこで信長が少数で京にいる状況を好機と捉え、突発的に襲撃したのでは、というわけだ。

　信長の油断と光秀の焦り。偶然に偶然が重なり、本能寺の変という大事件が起きた。黒幕説よりも説得力のある考え方である。

光秀の重臣・斎藤利三。長宗我部元親に対し、信長に従うよう説得する手紙が残っている。日付は本能寺の変から約5カ月前

25 真田信繁にまつわるウソ

通説 大坂の陣の軍議で先制攻撃を却下された

真相 当初から積極的に攻撃を主張しなかった

▼籠城戦はやむなく選ばれた？

大坂の陣にて徳川家康を追い詰め、「日本一の兵」と評価された武将がいる。信濃国上田荘出身の**真田信繁**だ。

大坂の陣は、慶長19年（1614）、秀吉亡き後の豊臣家に引導を渡すべく、徳川家康が仕掛けた合戦である。全国の大名を動員した約20万もの徳川軍に対し、豊臣軍は浪人主体の約10万。

かつての通説では、信繁は兵力に勝る徳川軍の気勢を制するべく、**先制攻撃を主張したとされていた**。近江国瀬田（滋賀県大津市瀬田）に防衛線を敷き、この地で徳川軍を迎撃している間に西国の大名を味方につければ、敵は戦意を喪失する。信繁は後藤又兵衛とともに、豊臣家の重臣たちにそう主張したとされる。

しかしこれに、徳川方のスパイである小幡景憲が反発。豊臣の重臣も浪人である信繁たちの考えに理解を示さず、戦いは籠城戦にならざるをえなかった、というわけである。

だが、この説はすでに否定されている。

▼浪人主体の先制攻撃の危うさ

まず、小幡による妨害を記しているのは、真田家に関する後世の史料しかない。小幡が大坂の陣でどう動いていたのか、不明な部分は多い。それどころか、そもそも大坂城にいたのかも不明である。仮にいたとしても、小幡は下級武士で身分が低く、軍議に出られるわけがなかった。豊臣の重臣たちを説得できるような人物ではなかったのである。

史料によってニュアンスは異なるものの、**籠城戦は重臣たちによる一方的な決定だったわけではなさそうだ。**

例えば、江戸時代初期の禅僧・金地院崇伝による『本光国師日記』には、浪人の方から城に引き籠ったと記されている。18世紀初頭に完成した家康の伝記『烈祖成績』には、籠城の準備が整った後に信繁が先制攻撃を献策して、籠城派の又兵衛が異を唱えたとある。後者は時代が下る史料ではあるが、いずれも重臣たちの無理解から籠城戦になったという通説とは異なる。恐らく話し合いの結果、籠城戦に傾いたのだろう。

豊臣軍の内情を鑑みて、そもそもはじめから籠城戦に決定していたのではないか、という説もある。

先に挙げた『本光国師日記』によれば、豊臣家に仕えていた織田信長の次男信雄が、開戦直前に大坂城から逃亡したという。迫る敵軍に恐怖したとも、元から徳川家のスパイだったともいわれている。

家臣内から脱走者が出たぐらいだから、豊臣家が出自のわからない浪人勢を信用できなかったとしても、無理はない。戦いから間もない時期の史料『当代記』（1624〜44）にも、**豊臣方が団結しないまま開戦準備を進めた**という記述がある。

重臣たちが**浪人勢の裏切りや逃亡に警戒**していたとすれば、監視のできない野戦を採るのは不安だったはずだ。渡邊大門氏ら一部の研究者は、信繁や又兵衛も同様に、浪人勢を信用していなかったと推測している。籠城後、豊臣家に味方した浪人たちから逃亡者が続出していることを勘案すると、先制攻撃が失敗していた可能性は、低くない。

後藤又兵衛と真田信繁（歌川豊宣「大坂軍記之内 後藤又兵衛 真田幸村（部分）」）

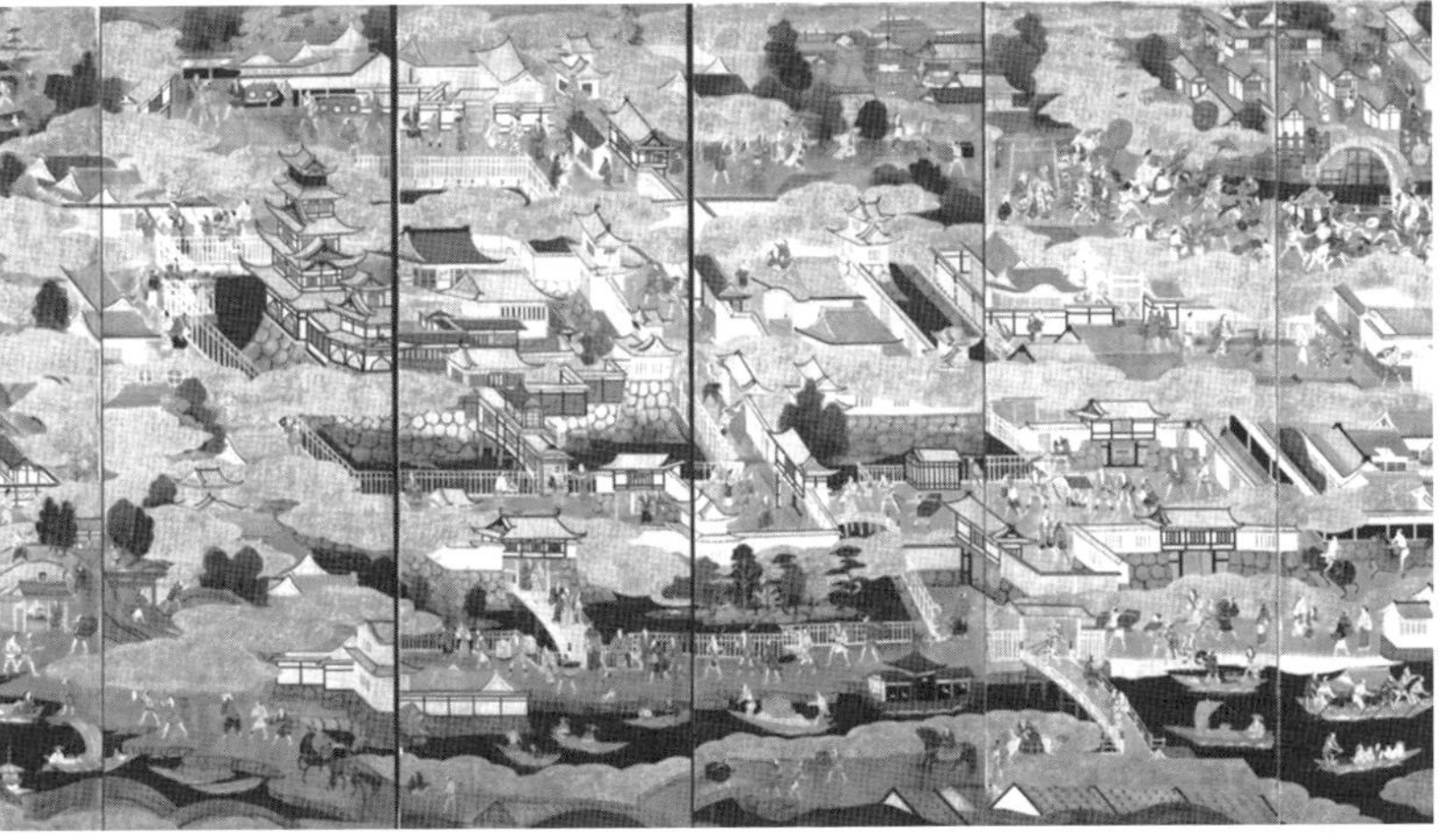
大坂の町並み。左に大坂城がみえる（「豊臣期大坂図屏風（部分）」エッゲンベルク城博物館所蔵）

26 天草四郎にまつわるウソ

通説 天草四郎は島原の乱の首謀者だった

真相 実権を握ったのは有力農民や浪人だった

▼祭り上げられた奇跡の少年

日本史上最大級のキリシタン蜂起である**島原の乱**。九州の島原藩と唐津藩のある天草諸島を中心に起きた。時期は、江戸時代初期にあたる寛永14年（1637）10月のことである。この反乱の指導者として知られるのが、弱冠16歳の**天草四郎**だ。

天草四郎は、数々の奇跡を起こしたカリスマとして伝わる。領主の悪政に苦しむキリシタンを救済するために反乱を指導した、といわれてきた。天草四郎に率いられた約3万7000人の反乱軍は、原城を占拠して領主に対抗。反乱を知った幕府が兵を派遣したが、反乱軍はおよそ5カ月にわたって抵抗した。幕府軍の反撃で反乱軍は崩壊したが、天草四郎のリーダーシップで統率されたキリシタンは手強く、為政者は宗教勢力の恐ろしさを目の当たりにした――。こんなふうにかつては言われていた。

だが、近年、島原の乱に関する研究は進み、通説は大きく変化している。**天草四郎は、反乱軍の先頭には立ったものの、首謀者ではなかった**。戦闘を指揮したことはあったものの、実質的な指揮権は別の者たちが握っていたのだ。

▼島原の乱の首謀者

そもそも、島原の人々が反乱を起こしたのは、キリシタン弾圧だけが原因ではない。**発端は、過度の重税に苦しむ農民たちによる蜂起**だった。この蜂起に、幕府の方針で棄教させられた大勢の元キリシタンたちが参加したことで、宗教運動として拡大したのだ。天草四郎はこうした騒動後に蜂起に加わっており、最初からリーダーシップを発揮したわけではなかった。

　では、天草四郎が反乱の首謀者だと思われてきたのはなぜか？　それは、主君を失った浪人や庄屋が、彼を担ぎ上げたからだ。原城で捕縛された旧有馬家家臣の山田右衛門作によると、**天草に集合した5人の浪人勢によって、天草四郎を旗頭にしようと話し合われた**ようだ。その後、有馬地域の村々が話し合い、天草四郎をリーダーとすることが決まったのである。

　浪人らが天草四郎を担ぎ上げた目的は二つ。元キリシタンたちを集めることと、一揆勢の士気向上である。結果的に、一揆軍は3万人規模の大軍に膨れ上がり、村々から集めた武器で武装し、幕府を苦しめた。

　なお、かつては一揆軍は全滅させられたと言われたが、これも誤りだ。複数の史料から、相当数の農民が原城を脱出していたことがわかっている。

　農民が脱出できたのは、一つには幕府軍が一揆軍の殲滅を目指しておらず、女子どもや投降者を許すよう、軍令で決めていたからだ。また、一揆勢がみな宗教運動に積極的だったわけではなく、情勢を見極めて逃亡する者も少なくなかった。熱狂的な信者ばかりが集まったわけではないのだ。


島原の反乱軍が籠城した原城（「島原城攻撃図」東京国立博物館所蔵／出典：ColBase）

▼奇跡の少年の実像は不明

　天草四郎に関する誤解は、まだある。奇跡を起こしたカリスマというのは、後世の脚色だ。**素性を記した一次史料は極めて少なく、実像はよくわかっていない**のだ。

　戦闘の経過を伝える史料にもほとんど姿を現さないため、本当に実在したのかと疑問視する声もあった。複数の少年で構成されたグループ名だったという「天草四郎複数人説」が囁かれたのは、その一例である。

　ただ、数は少ないものの、天草四郎の目撃情報も伝わる。熊本藩の家老が大坂城代に宛てた手紙によれば、久留米の商人が戦闘中に四郎を目撃したという。四郎は馬に乗り、服装は白い絹の着物にはかま姿だった。頭には苧を三つ組にして緒でのど下にとめ、額には小さな十字架を立てていた。手には御幣を持って、一揆軍を指揮していたという。こうした詳細な記述から、存在したことは認めていいと考えられる。

日本と交易をした西洋人らを描いた屏風絵。ポルトガルやスペイン、オランダ、イギリスなどの船が日本にやってきた。一揆勢はこうしたキリスト教国のうち、特にポルトガルからの援軍を期待していた（「南蛮図屏風」東京国立博物館所蔵／出典：ColBase）

第三章

政治にまつわるウソ

27 卑弥呼にまつわるウソ

通説 卑弥呼は邪馬台国の女王だった

真相 邪馬台国の女王ではなく倭国の王

▼倭国の王に擁立された卑弥呼

3世紀半ばの日本に君臨した、女王にして巫女。それが**卑弥呼**である。邪馬台国とセットで覚えている人も多いだろう。高校の日本史教科書にも卑弥呼は邪馬台国の女王と記されている。だが実は、**卑弥呼が邪馬台国の女王だったと記す、信頼性のある史料は存在しない**のだ。

卑弥呼の人物像は、3世紀末頃の中国で書かれた「魏志倭人伝」など中国の史料に基づいている。要約してみよう。

倭国（日本）では、男子の王の時代が80年ほど経つと、大規模な内乱が起きた。せめぎあいは8年前後にもわたった。そこで、女性の王を共立して立てることが決まる。選ばれたのが卑弥呼だ。結果、戦乱はようやく収束を迎えることができた――。

よく読むと、**卑弥呼は邪馬台国の女王ではなく、倭国の王だと記されている**。「魏志倭人伝」の他の箇所も、実は卑弥呼＝倭国の王としてしか描かれていない。

例えば、中国北部を支配していた魏は、238年（239年説もあり）に卑弥呼へ「親魏倭王」の称号を与えている。また詔勅にも、「倭国女王卑弥呼」と記している。倭国と狗奴国（倭国南部にあったとされる国）の不仲を伝える記録でも、卑弥呼を倭国の女王として扱っている。「邪馬台国は女王の住む都」だという記述はあるものの、「卑弥呼が邪馬台国の女王だ」と名指しする記述はない。卑弥呼は他国から邪馬台国へ、倭国の盟主としてやってきただけ、という可能性も考えられる。

そもそも、邪馬台国が倭国を支配していたと考えること自体、現在は否定的な意見が少なくない。卑弥呼の女王就任後も30程度の小国は乱立したままで、倭国全体を支配する王朝が存在しなかったからだ。いわば倭国とは連合国家のようなもので、邪馬台国は連合の盟主だったと考えられる。

▼卑弥呼に実権はなかった？

卑弥呼は倭国のトップにこそ立ったが、**政治的実権はほぼなかった**という説もある。「魏志倭人伝」によれば、卑弥呼の役割は巫術を用いた占いと神事である。1000人の召使がいたが、**卑弥呼は宮殿の奥に篭って人前になかなか姿を現さなかった。**

この謎多き人物の政治を補佐したのが、**卑弥呼の弟**である。給仕や伝令の取次は弟の役目だった。この弟が政治の実務を担当し、卑弥呼は倭国のシンボル的存在として君臨していた、ともいわれている。

「魏志倭人伝」における邪馬台国の記述。赤枠部分に「邪馬台国」の文字が見える。「魏志倭人伝」は『三国志』の「魏書」第30巻烏丸鮮卑東夷伝倭人条の略称（国会図書館所蔵）

▼卑弥呼は名前ではない？

「卑弥呼」は個人名でなく、役職名もしくは尊称だとする説もある。根拠は、5世紀に成立した『後漢書』東夷伝だ。そこには189年頃に卑弥呼という「年増」の女性がいたと記されている。卑弥呼の没年は247年か248年と考えられているので、同一人物にしては年代が離れすぎている。だが、両者は別人で、卑弥呼という尊称（『古事記』『日本書紀』に記される「姫命」のような意味）で呼ばれていたら辻褄はあう、というわけだ。

ただ、右の説では卑弥呼のあとに立ったとされる「壱与」の名に矛盾が生じるし、そもそも『後漢書』は「魏志倭人伝」より約150年ものちに成立している。記載ミスや創作の可能性は否めない。

卑弥呼はまだまだ謎に満ちた存在だが、発掘調査が進む現在、邪馬台国に関係するのではないかという新発見が相次いでいる。卑弥呼の実像の一端が、近い将来明らかになるかもしれない。

邪馬台国の候補地である纒向遺跡。奈良県桜井市にある。見つかった柱跡から、国内最大級の建造物があったことが明らかになった。現在は建物群をイメージしてもらいやすいよう、柱跡に約1メートルの木製柱が配されている

28 推古天皇にまつわるウソ

通説 推古天皇は中継ぎで有力者の傀儡だった

真相 高い政治力を群臣に期待されて即位した

▼否定される中継ぎ説

推古天皇は、日本初の女性天皇として知られる。男性の天皇が多いなか、なぜ女性である推古が即位したのか？　理由は、次の男性天皇が即位するまでの**中継ぎ**だったからだ、といわれてきた。

当時、皇位継承候補は複数いたが、いずれも年齢が若く群臣間で意見が割れていた。そこで対立を抑えるため、蘇我馬子が姪の炊屋姫（推古）を即位させ、皇子たちが成長するまでの中継ぎにした、というのが通説だ。

こうした経緯から、推古はお飾りで、政治の実務は蘇我馬子や後継者候補の聖徳太子が担っていた、と考えられてきた。

しかし現在では、推古は馬子の操り人形などではなく、**蘇我氏に対抗できる高い政治力を持っていた**と考えられるようになっている。

▼経験豊富な有能政治家だった

ヤマト王権で天皇が即位するには、**群臣による推挙**と**由緒ある血筋**が必要だった。ヤマト王権の群臣たちは独自の経済基盤・政治基盤を有していたため、天皇自身に強力な後ろ盾や実力がなければ、王権を統制できないとみなされていた。

その点で言えば、推古は申し分ない。崇峻天皇、用明天皇とは兄弟関係にあり、異母兄である敏達天皇の皇后だ。父親も欽明天皇と、まさにエリートの血統である。

政治手腕にも秀でており、仏教の興隆政策、大和各地での治水事業、朝鮮半島の混乱に乗じた新羅出兵など、内政や外交で幅広く手腕を振るった。葛城県（奈良県南西部）を馬子から要求されると、「私の治世でこの県を失えば、後世の帝には愚かな女と言われ、大臣も後世に悪名を残すであろう」と拒否している。「お飾りの女帝」なら、こんな発言はできないはずだ。

また、**当時の天皇は政治的な実績を積んだ、40歳前後の人物が即位する習慣があった。**推古は数え年39歳で、馬子とは年齢が2歳ほどしか変わらない。政治経験もあり、即位するには申し分ない年齢となれば、推古個人の資質が群臣たちに評価されたと考えるのが、自然である。

聖徳太子が最後まで天皇になれなかった理由も、おそらくここにある。太子は蘇我氏と血縁関係があるものの、20歳未満と若く、政治的な実績にも乏しい。馬子に匹敵する権力を持つ推古に、政治的な実力で及ばなかったのだ。

▼推古天皇系図 数字は天皇代数

- 蘇我稲目（そがのいなめ）
  - 馬子（うまこ）
    - 蝦夷（えみし）
      - 入鹿（いるか）
    - 刀自古郎女（とじこのいらつめ）＝厩戸王
      - 山背大兄王（やましろのおおえのおう）
  - 小姉君（おあねぎみ）＝欽明天皇
    - 崇峻天皇（すしゅん）32
    - 穴穂部間人皇女（あなほべのはしひと）＝用明天皇
      - 厩戸王（うまやどおう）（聖徳太子（しょうとくたいし））
  - 堅塩媛（きたしひめ）＝欽明天皇
    - 用明天皇（ようめい）31
    - 推古天皇（すいこ）33＝敏達天皇
      - 田眼皇女（ため）
      - 尾張皇女（おわり）
      - 小墾田皇女（おはりだ）
      - 竹田皇子（たけだ）
      - 菟道貝蛸皇女（うじのかいたこ）
- 欽明天皇（きんめい）29＝石姫皇女（いしひめ）
  - 敏達天皇（びだつ）30

▼女性も皇位継承者だった

ではなぜ、推古が中継ぎだと考えられてきたのだろうか？それは、**出典が編纂された時代と推古の時代とで、皇位継承の習慣が異なっていたからである。**

推古が生きた時代は、父系・母系双方の天皇が即位する「**双系社会**（そうけい）」だった。一方、推古の事蹟を記した『日本書紀』編纂の時期には、日本は中国から父系制度を導入していた。この価値観に基づいて推古の時代を描いたため、双系社会だった実態が、わかりにくくなったのだ。

また、明治時代に「皇位は男系男子が継承する」と定められたことも影響している。これにより、天皇が古くから男系であることが、当たり前のこととして広まり、戦後も継承されていったのである。

推古天皇の陵墓と伝わる山田高塚古墳。考古学的な裏付けはないが、宮内庁は、推古の子である竹田皇子との合葬であるとしている

29 聖徳太子にまつわるウソ

通説 聖徳太子は十七条の憲法を定めた

真相 聖徳太子ではなく別の有力者の功績

▼否定される聖徳太子の功績

「冠位十二階」や「十七条の憲法」の制定で知られる**聖徳太子**。紙幣の肖像にも採用された、日本で最も有名な偉人のひとりである。

聖徳太子の偉業は、以下の点に集約される。遣隋使を派遣して学んだ大陸の制度を吸収、日本初の明文化法である十七条の憲法を制定して天皇中心の国づくりを掲げ、血筋を重視する社会を改変すべく、冠位十二階により能力主義を取り入れた――。

だが、こうした評価は近年急速に変化している。冠位十二階は聖徳太子ではなく、他の豪族、もしくは天皇が大陸の制度を参考にしてつくったものだと考えられるようになった。同じく、十七条の憲法の制定に関しても、聖徳太子の関与を疑う意見がある。研究の進展により、**聖徳太子は国政の主導者ではなく、国政の協力者として評価する向きが強くなっている**のだ。

「聖徳太子」という語は『懐風藻』（751年成立）序文で初めて登場。厩戸王という語は『古事記』（712年成立）の「上宮之厩戸豊聡耳命」などに基づく（『群書類従』国会図書館所蔵）

▼聖徳太子は政治に関与せず

そもそも、聖徳太子という呼び名は後世の創作である。近年は、**厩戸王**と呼ばれることが多い。厩戸王は用明天皇の皇子で、母は有力豪族である蘇我氏一族に連なる人物。この厩戸王を称えるため、死後しばらくしてから使われた呼び名が、「聖徳太子」である。

死後に尊称が贈られるくらいだから、さぞ大きな功績を残したのだろうと思うかもしれない。だが、右に挙げた政治的実績は、脚色が多いことがわかっている。出典は、厩戸王の死から約100年後に完成した『日本書紀』（以下書紀）だ。書紀は編纂時の都合で脚色されている箇所が多い。そうした脚色を取り除くと、右の事業を厩戸王が主導したとまではいえないのだ。

まず、遣隋使は厩戸王よりも前に、「大王」が派遣したという記事が中国の史料『随書』に残っている。大王が誰を指すのか意見は分かれているが（厩戸王、推古天皇、蘇我馬子など）、厩戸王だと言い切れるほどはっきりした根拠はない。

十七条の憲法に関しては、豪族の権力が強いこの頃に天皇中心の国づくりを謳うことができたのかという疑問や、後世の用語が使われていることなどから、厩戸王の関与を疑う意見がある。冠位十二階に至っては、厩戸王が主体的に関わった証拠はない。

法隆寺釈迦三尊像。1872年撮影。釈迦像は聖徳太子の等身とされる（東京国立博物館所蔵／写真出典：ColBase）

厩戸王が政治面で評価されてきたのは、書紀に「厩戸を皇太子に立てて政を執らせ、万機をことごとく委ねた」とあることが一因だ。だが、皇太子制度ができたのは、厩戸王死後の7世紀半ば頃である。それにこの頃の厩戸王は20歳頃と推定されており、政治を主導できる年齢ではなかった。書紀編纂者の脚色だと考えるべきだろう。

遣隋使派遣や冠位十二階の制定は、**政治を主導していた推古と蘇我馬子の関与が強い**と考えるのが自然だ。

▼素顔の聖徳太子

では、厩戸王はどんな素顔なのだろうか？　厩戸王の死の翌年に制作された法隆寺釈迦三尊像の光背には、厩戸王を「法皇」、つまり仏教と関連付けた銘が刻まれている。また、書紀から脚色が多い記述を除けば、厩戸王の名前が最初に出るのは斑鳩宮の造営に関する部分からである（605年／32歳前後）。斑鳩宮は厩戸王の宮殿で、法隆寺造営と並行して造られた。働き盛りの時期に独立し、寺院造立に専念し始めたことから、**仏教興隆に熱心な皇子だった**ということはできそうだ。

それに、出自のよさから皇統の面でも特別な存在だったようだ。厩戸王は、**皇統の中心にあった欽明天皇の血に連なる皇子であり、なおかつ蘇我氏の血縁**だった。推古が複数の皇女を厩戸王に嫁がせたのは、その子息に皇位を継がせたかったからだと考えられる。厩戸王が推古よりも早くに亡くならなければ、厩戸王系の天皇が誕生していたかもしれない。

30 崇徳天皇にまつわるウソ

通説 崇徳は隠し子だったから父に冷遇された

真相 父は別の子を即位させるため冷遇した

▼父から叔父子と呼ばれる人生

平安時代末期に即位した**崇徳天皇**について、こんな話を聞いたことはないだろうか。崇徳は鳥羽天皇の第一皇子とされているが、実は**白河法皇の隠し子**だった――。

『古事談』によれば、鳥羽天皇の皇后 璋子は若い頃に白河法皇の養女となったが、実情は愛人だった。その関係は、璋子が鳥羽天皇に嫁いでからも続いた。このふたりの間にできたのが、崇徳である。事情を知っていた鳥羽は、崇徳を叔父子と呼んで疎んだ。白河が亡くなると母親ともども崇徳を冷遇。鳥羽は自身が重篤になっても、崇徳の見舞いは拒否した。

白河法皇。譲位後当初は摂関家が新天皇のもと政治を主導したが、関白・藤原師通が急逝したため、白河が政務を補佐することになり、院政が始まった（「白河院御影（写）国会図書館所蔵」）

こうした記述に基づいて、崇徳は白河の子どもだったと考えるのが通説だった。だ

鳥羽上皇。第一皇子の崇徳天皇を冷遇した（模本／東京大学史料編纂所所蔵）

が、この話の唯一の典拠である『古事談』は、**崇徳の死から50年以上も後に書かれた説話集だ**。確かに崇徳は白河から寵愛を受けた一方、鳥羽からは冷遇された。その事実に尾ひれがついて、隠し子説の噂が囁かれたのだろう。

▼寵愛する得子の子を天皇に

鳥羽が崇徳を冷遇したのは、事実だと考えられる。理由は、**寵愛する妃が生んだ近衛天皇を皇位につけるため**だろう。

鳥羽は三人の后妃のうち、藤原得子を寵愛した。得子は中級貴族出身で身分は低いが、鳥羽の後ろ盾を得て朝廷で権勢を誇った。このふたりの子が、躰仁親王である。鳥羽の計らいにより、躰仁は生後1カ月で皇太子になり、その2年後に即位している（近衛天皇）。この過程で鳥羽は、崇徳の息子を後継からはずし、さらに近衛を即位させるために崇徳に譲位を迫った。

なお『愚管抄』などには、鳥羽が崇徳との約束を反故にしたという話もある。鳥羽は、近衛を崇徳の皇后の養子にする妥協案を示したという。近衛が崇徳の養子であれば、崇徳が将来的に院政を行うことができる。崇徳にとって悪い話ではない。だが譲位の宣命には、「皇太子」ではなく「皇太弟」と記されていた。院政は父親か父方の祖父でないと行えない。皇太弟への譲位では、崇徳は政治の実権を握れないのだ。

譲位の宣命がどれほど有効なのか疑問を呈する意見もあるが、その後の歴史は崇徳にとって望ましくない方向に動いていく。

▼順当にいけば院政を行なえた

近衛の在世中は、鳥羽が院政を行なった。近衛自身は病気がちで、15歳頃には譲位の意向を示していたという。だが在世中の譲位は叶わず、子どもがいないまま17歳で死亡。崇徳は重仁親王を即位させようとしたが、結局即位したのは、崇徳の弟の後白河天皇だった。この後白河即位が、翌年の**保元の乱**の遠因となる。

保元の乱とは、朝廷の主導権をめぐって起きた、崇徳勢力と後白河勢力による軍事衝突だ。冷遇された崇徳が挽回するために蜂起した、というのがかつての通説だ。

だが、現在、この見方には疑問が出ている。後白河やその周辺勢力は、鳥羽という後ろ盾を失ったことで権威が揺らいでいた。貴族の間では、今様に熱中して教養に乏しかった後白河の素質を疑う声も大きい。崇徳からすれば、朝廷に盾つくリスクを冒さずとも、主導権を握り息子を即位させられる可能性はあった。

こうした事情を勘案して、**保元の乱は崇徳側ではなく、後白河側が権力確立のために攻撃を仕掛けた**、という説が有力である。

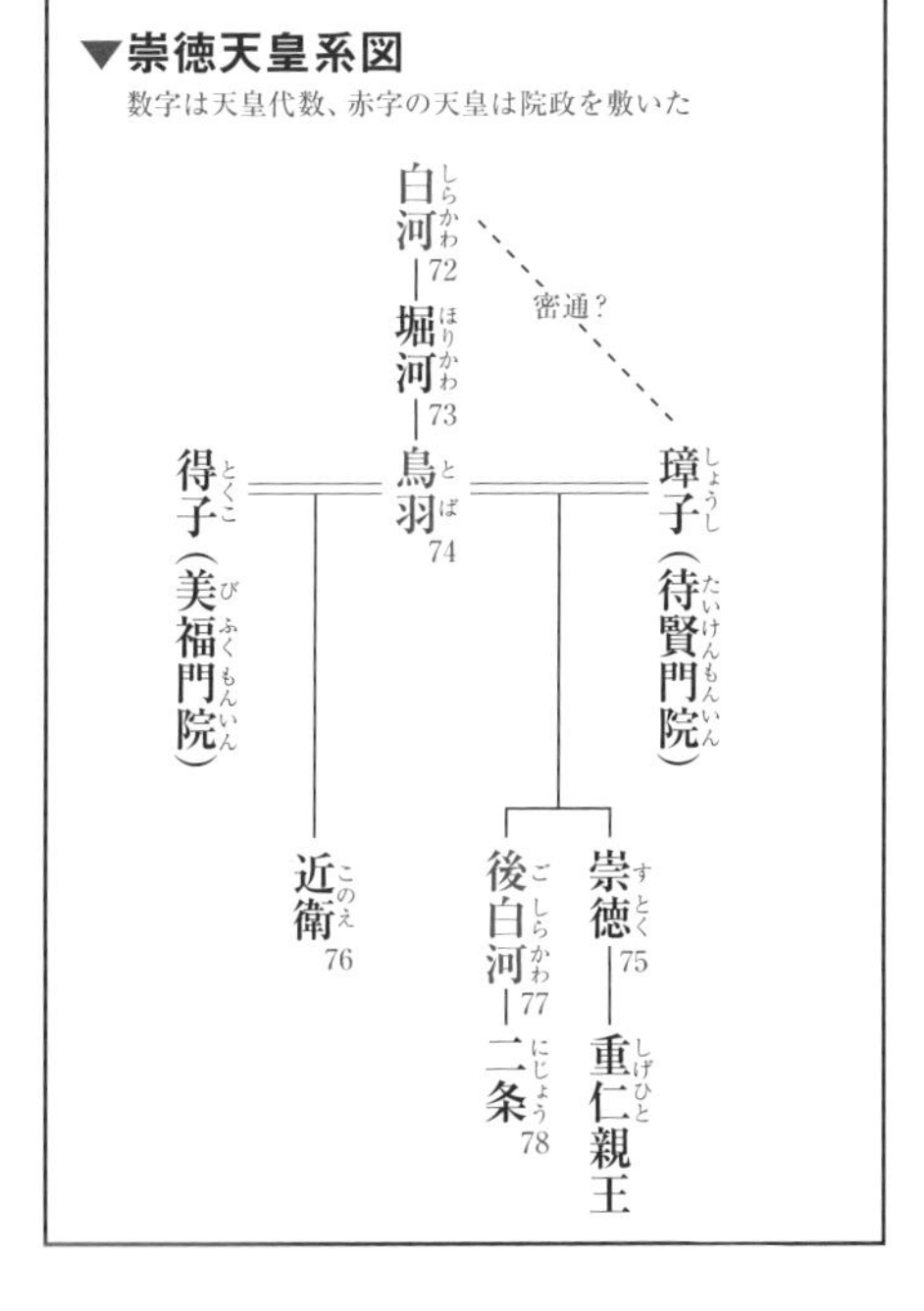

31 豊臣秀吉にまつわるウソ

通説 農民を武装解除するため刀狩りを実行

▶

真相 刀狩り後も武器を持つ農民は多数いた

▼武装解除のため武具を没収

刀狩りは、太閤検地と並ぶ**豊臣秀吉**の代表的な政策である。農民の刀剣や鉄砲を全国的に没収した政策として、歴史の授業で必ず習う出来事だ。覚えている方も多いだろう。実はその刀狩りの解釈が、近年では大きく変化している。

かつては刀狩りによって、農民は武器を徹底的に没収されたと考えられていた。乱世の農民は、野盗や戦乱に備えて武器を所持していたが、被支配層に武装を許していては安定した統治は難しい。そこで秀吉は刀狩りを実施して、農民の武装を解除した、というのが通説だった。

しかし現在、「刀狩りの目的は農民から武器を没収すること」という説は否定されている。刀狩りが農民の武器没収を掲げていたのは事実だが、実はそれほど徹底されていなかった。その証拠に、**江戸時代に入ってからも、弓や鉄砲を所持する村落は多かった**。寛永14年（１６３７）に起きた島原の乱で多くの武器が使われた他、１７００年代の信濃国松本藩では、領内の村落で１０００挺以上の鉄砲が確認されている。狩りや害獣への威嚇用だったとはいえ、その気になれば人を殺すことができる代物を、農民たちは持ち続けていたのだ。

▼目的は帯刀権の規制

そもそも刀狩りでは**刀剣類の回収が重視され、畿内以外では鉄砲や弓の没収はあまり熱心に行われなかった**という。秀吉臣下の溝口秀勝は、没収した武器類を送ったところ奉行に刀が少ないと叱られたというし、薩摩家当主の島津義弘は「武器の没収量が少ないと奉行に怪しまれるのでもっと刀や短刀を送ってくれ」と国許に手紙を書いている。

なぜ主兵装の槍や鉄砲よりも、副装備品の刀を多く没収したのか。それは刀狩りが、農民の武器所有は認めつつ、**帯刀権の規制**を求めるものだったからだと考えられる。

現代の感覚では、刀は武士の魂だというイメージが強いが、実は**戦国時代の農村の成人男性にとっても、刀は特別なシンボルだった**。

当時の農村では、大名の呼びかけに応じて農民が戦場に動員された。動員される農民は、城の警備や物資輸送などの後方任務を担うのが普通だったようだが、丸腰のまま参加するわけではなく、自ら武器を携えるのが普通だった。また、農村には年貢免除と引き換えに領主と主従関係を結んで戦う、軍役衆という有力農民もおり、農村には武器が日常的に蓄えられていた。武器は祭礼や害獣駆除のためにも使用され、農村の生活と不可分のものだった。

秀吉が武器を徹底的に没収するよう命じなかったのは、こうした事情を考慮に入れたからだと考えられる。

秀吉としては、武士以外の帯刀を規制し、狩猟や害獣駆除など必要に応じて武器使用を許可することで、**農村の武器使用を抑制しようとした**のだろう。刀狩りの後、農民の武力行使を禁じる喧嘩停止令を出したのも、武器使用の制限を強化するためだった。戦国の荒々しい気風が残るなかでは、農村からすべての武器を回収できるとは、おそらく為政者たちも考えていなかったのだろう。

▼刀狩令の内容

一、諸国百姓、刀、脇指、弓、やり、てっはう（鉄砲）其外武具のたぐい、所持候事、堅く御停止候。其子細は入らざる道具をあひたくはへ、年貢所当を難渋せしめ、自然一揆を企て、給人に対し非儀の動をなすやから、勿論御成敗有るべし。然れば其所の田畠不作せしめ、知行ついえになり候の間、其国主、給人、代官として、右武具悉く取りあつめ、進上致すべき事。

一、右取（置）をかるべき刀、脇指、ついえにさせらるべき儀にあらず候の間、今度大仏建立の釘かすがいに仰せ付けらるべし。然れば、今生の儀は申すに及ばず、来世までも百姓たすかる儀に候事。

一、百姓は農具さへもち、耕作専に仕る候へハ、子々孫々まで長久に候。百姓御あはれみをもって、此の如く仰せ出され候。誠に国土安全万民快楽の基也。異国にては唐尭のそのかみ、天下を鎮撫せしめ、宝剣利刀を農器にもちひると也。本朝にてはためしあるべからず。此旨を守り、其趣を存知し、百姓は農桑に精を入べき事。

右道具急度取集め、進上あるべく候也。

天正十六年七月八日　秀吉朱印

（小早川家文書）

刀狩りによって集められた刀剣の一部は、熔かして釘にされ、方広寺の大仏造立時に利用された。なお、大仏は完成間近に地震により倒壊した。図は２代目の大仏を描いている（「都名所図会（部分）」国会図書館所蔵）

32 徳川綱吉にまつわるウソ

通説 生類憐みの令で社会に混乱を招いた

真相 社会福祉を推進して戦国の気風を変えた

▼改革者だった綱吉

江戸時代最悪の法令ともいわれる**生類憐み**(しょうるいあわれみ)**の令**。制定したのは、5代将軍・**徳川綱吉**だ。懇意の僧侶のアドバイスにより、法令はつくられたとされる。

天下の悪法といわれるゆえんは、生き物を過剰に保護して違反者を取り締まったとみなされてきたからだ。犬を傷つければ死罪になり、ノミやシラミを駆除するだけで裁かれる者までいた。一連の法令は、綱吉の死後すぐに撤廃。綱吉は幕政を混乱させたとして、低く評価されてきた。

だが研究が進むと、かつては過激な面ばかり注目されていた生類憐みの令は、実は**人間も対象にした社会保護法**だったことがわかってきた。綱吉は決して暗君ではなく、儒教や仏教の教えに基づく「慈悲の社会」を目指していた。そうした観点を踏まえて、現在は社会福祉を推進して戦国の風習を一掃した人物として、綱吉は再評価されているのだ。

綱吉に側用人として登用された柳沢吉保。側用人は将軍と老中の取次をする役職。綱吉の寵愛を受けて幕政を主導した(模本/東京大学史料編纂所所蔵)

▼儒教に基づいた社会福祉策

犬将軍と揶揄される綱吉は、儒教や仏教の学問を好む勤勉な人物だった。

母の桂昌院をはじめ、多数の儒学者の教えを受けて勉学に目覚めると、病床でも書物を離さず、将軍就任後も学者の討論や講義によく足を運んだという。将軍には珍しく、自ら講義を開くこともあったようだ。

生類憐みの令に問題があったことは、事実である。犬殺しで死罪になった者や、釣りをして処罰された者はいた。ただ、摘発されるケースはまれで、地方では必ずしも徹底されていなかった。

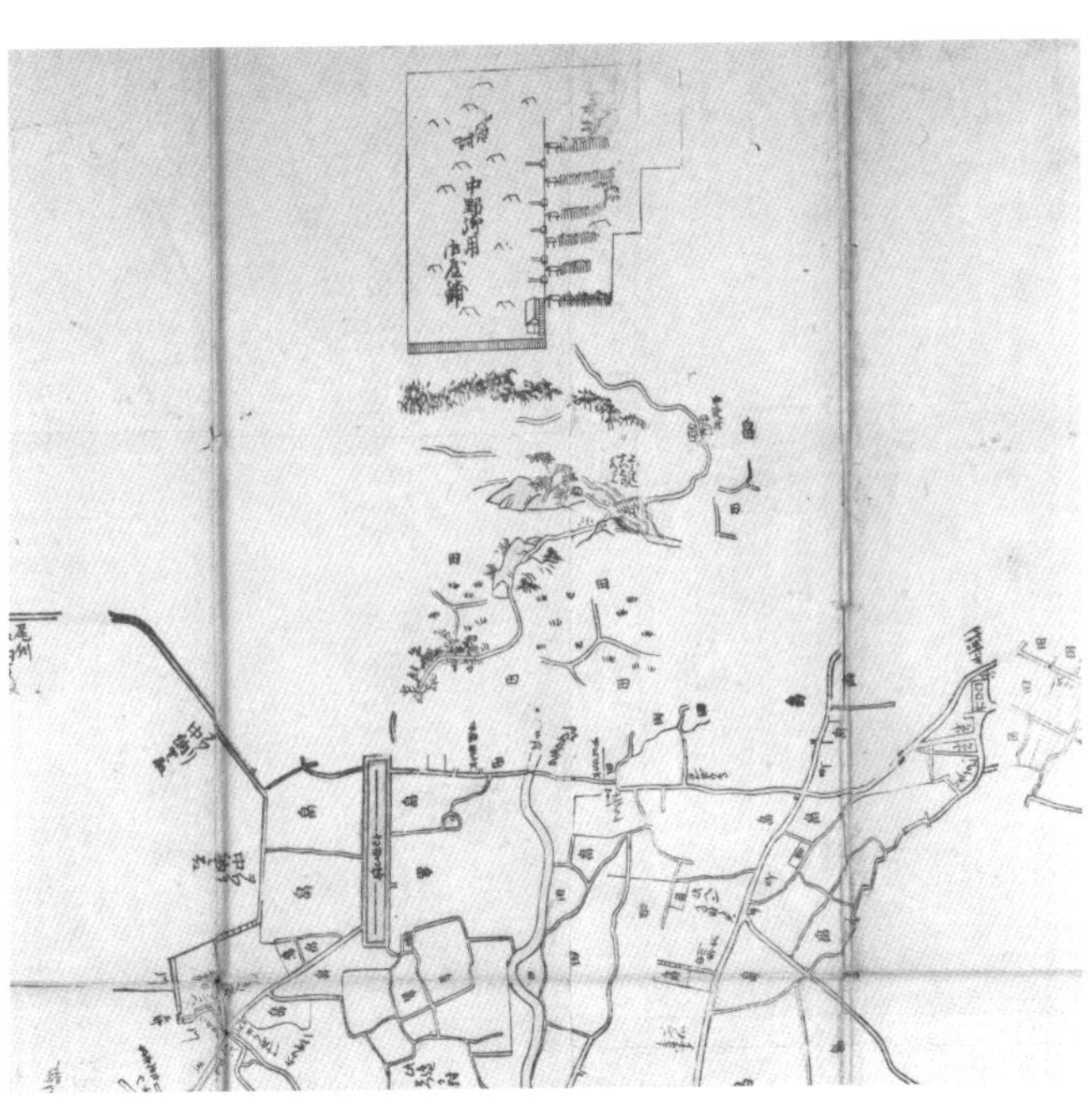

綱吉の時代の江戸図。上部には、元禄８年（1695）に生類憐みの令により中野に設置された犬小屋「中野御用御屋鋪（なかのごようおやしき）」が描かれている（「江戸大絵図元禄十二年（部分）」国会図書館所蔵）

そもそも、綱吉が犬好きだから生類憐みの令が出されたわけではない。法令の成立には、当時の社会情勢が関係していた。

綱吉が将軍になった17世紀後半は、**血で血を洗う戦国の風習**が色濃く残っていた。人命に対する意識は現代とは大違いで、宿泊中の旅人が病を理由に宿から追い出された他、困窮や障害などを理由に、捨て子や子殺しが頻繁にあった。

このような空気を一掃したのが、綱吉の政策だった。

綱吉はリーダーシップを発揮して、**儒教に基づく仁政**を目指した。宿が病人を叩き出すことを禁じると同時に、捨て子や子殺しを別法で禁止した。特に捨て子の禁止令は、3度も繰り返し施行するほど徹底している。元禄9年（1696）の夏には、町村内にいる妊産婦と3歳以下の子どもを記録しておくよう全国に命じている。幼児は「七つまでは神のうち」と言われて戸籍にすら載らない時代において、この政策はまさに画期的だった。

さらに綱吉は、獄中の生活環境改善にも着手。役所に浮浪者への食糧支援と宿泊所の設置を命じるなど、**現在の福祉政策に通じる方針を多数打ち出した**。

生類憐みの令に関する法令は綱吉の死後に廃止されたが、捨て子対策のような人間を対象とした法は違った。後の政権にも継承されていき、結果として戦国の殺伐とした空気は一掃されていったのである。

幕府機構の整備にも、綱吉は一役買った。財政を司る勘定奉行の下に、事務作業を監査する「勘定吟味役」を設置。試験制を採用して家柄に関係なく人材を取り入れ、組織力を強化しようとした。

もちろん、貨幣政策の失敗、野犬収容所の増設に伴う増税、財政規律の乱れといった失策を犯しており、綱吉を手放しに評価することはできない。しかしその功績を考慮すれば、通説のような無能な暗君ではなかったといっていいだろう。

33 徳川吉宗にまつわるウソ

通説
吉宗の改革により幕政は安定した

真相
一揆が増加するなど庶民が反発した

▼改革の割を食う庶民たち

8代将軍の**徳川吉宗**は、**享保の改革**により幕府財政を改善した、江戸時代屈指の名君と謳われている。

享保の改革の柱は、**倹約の徹底**である。長く続くインフレにより悪化した、幕府財政の回復が目的だ。インフレの原因は、5代綱吉の時代に公共投資が行われたことや、貨幣の流通量が増えたことにある。6代家宣、7代家継のときにデフレ政策が実行されたが、両将軍が早世したこともあって経済の安定には至らず、幕府の財政は悪化してしまう。

吉宗はまず、支出の見直しを進めた。それと同時に、参勤交代の期間短縮を見返りに石高1万石に対して100石を幕府に提出する「上げ米令」を、全国の大名に発布。家臣と庶民には豪華な服装や食事を禁止しつつ、吉宗も率先して質素な生活を行い、部下の模範となった。

こうして幕府財政を再建したことで、吉宗は高く評価されてきた。だが、幕府にとってプラスに働いた一方で、改革によって負の影響を被った人々もいた。**改革を機に、庶民の生活が悪化した**のである。

吉宗は、改革の一環として新田開発を

吉宗のもと新田開発などを担った大岡忠相（国会図書館所蔵）

行ったが、開発可能な土地は、家継の代までに開墾され尽くしていた。残っていたのは、開発不可能とされた土地、または放置された土地である。それを無理やり開墾したものだから、農民の負担は大きかった。なかには、薪と肥料の調達場所まで田畑にされたことで、かえって生活が困窮した村もあったという。

　また、幕府が年貢の徴収量を増やすために徴収方法を変更したことも、庶民にとっては痛手だった。収穫高に比した「検見法」から、比率を一定にした「定免法」に変更し、凶作の場合に実施していた減免制を廃止したのだ。幕府の財政は潤ったものの、農村部へのダメージは大きかった。

　こうなると、民衆の不満はいやが上にもくすぶっていく。畑の租税増加や河川敷の土地課税の実施もあいまって、吉宗に対する反発は強まった。その結果が**一揆の増加**だ。1700年代初頭には約40件だった一揆が、吉宗の時代には最大80件を超えたほどである。

▼吉宗の在職期間（1716〜1745年）の米価の変動

（米1石につき銀(匁)）

100 / 80 / 60 / 40 / 20 / 0

1716年 / 20 / 25 / 30 / 35

定免法採用

物価引下げ令

大坂堂島の米市場公認

享保の飢饉

米価の最低価格を決定

▼都市部に広がる混乱

　しかも問題は、農村だけにとどまらなかった。都市部では、徴収量の急増によって**米の価格が暴落**し、経済が低迷。その対策として、吉宗は大坂堂島に米市場を開いて米価の調整を図ったが、武士に有利なように米価を操作したため逆に高騰してしまう。「享保の飢饉」と呼ばれる凶作の影響もあって、米相場は不安定なままだった。

　さらに、遊郭や芝居を禁止して倹約を強制し、出版物を規制したことも、庶民にとっては不満の種だった。幕府にとって有益な政策は、庶民生活の締めつけによって成り立っていたのである。

　吉宗の影響は、引退後にも及んだ。享保の改革は幕政改革の手本となり、幕府はのちの改革においても、質素倹約で民衆を締めつけるようになったのである。

　幕府財政を健全化した名君。そんなふうに評価されていても、庶民の立場からすれば、窮屈な生活を強いてくる、迷惑な存在だったのかもしれない。

吉宗が大坂に開いた堂島の米市場（「浪花名所図会　堂じま米あきない」国会図書館所蔵）

34 勝海舟にまつわるウソ

通説 勝は新政府による江戸総攻撃を回避した

真相 江戸への攻撃を回避したのは別の幕臣

▼話を盛りがちな勝海舟

勝海舟は、幕末に最も活躍した幕臣のひとりである。黒船が来航すると、海岸の防備強化を説く意見書をいち早く提出。先見の明が評価され、外国や尊攘勢力との交渉で活躍した。討幕派が勢いづき、新政府軍によって江戸が攻撃されようとしたときも、勝は得意の交渉術で新政府側と互角にわたり合った。結果、西郷隆盛との直接会談を実現し、江戸城の無血開城に成功。江戸が火の海となることを回避した――。こうした功績から、勝は高く評価されてきた。

だが現在、勝の評価は大きく見直されている。通説は勝の証言をまとめた『氷川清話』に多くを依拠しているが、他の史料や証言と照らし合わせると、証言録に矛盾が多いことがわかってきたのだ。

例えば、咸臨丸を指揮して太平洋を横断したというエピソードは有名だが、実際には出港早々に船酔いで寝込み、同乗したアメリカ水兵たちが指揮をとっていた。対馬を不法占拠したロシア軍を英国の協力で退散させたという「対馬事件」も、実際に動いたのは箱館奉行衆だった。『氷川清話』では自分の功績のように記しているが、事件時に勝は江戸にいた。

▼真の功労者・山岡鉄舟

そして慶応4年（1868）3月14日に決定した江戸無血開城も、勝だけの手柄ではなかった。

江戸に迫った新政府軍に対して、勝は周到な準備をしたとされてきた。イギリス公使を介して新政府軍へ圧力をかけ、侠客に江戸市中での焦土作戦を命令して新政府軍をけん制。この状況を利用した交渉術によって、西郷に江戸攻撃を中止させた、というのが通説である。

　だが実際には、勝がイギリスの外交官と対面したのは江戸無血開城後の21日。また、焦土作戦を西郷は知らなかった。イギリスの圧力も焦土作戦も、江戸無血開城とは無関係だったのである。

勝海舟がアメリカに渡る際に搭乗した咸臨丸（「咸臨丸烈風航行の図」『万延元年遣米使節図録』国会図書館所蔵）

　そもそも、西郷から攻撃中止を引き出したことは、勝だけの功績ではない。慶喜に仕えた**山岡鉄舟**（やまおかてっしゅう）の活躍があったからこそ、江戸は火の海となることを避けられた。

　鳥羽伏見の戦いの敗北後、将軍の慶喜は上野寛永寺（かんえいじ）へ謹慎し、新政府軍へ恭順の意を示していた。しかし、新政府は慶喜の真意を測りかね、江戸への進軍をやめなかった。そこで慶喜は、降伏交渉の使者を西郷のいる駿府（すんぷ）に派遣することを決める。このとき選ばれたのが、山岡鉄舟だ。結果、鉄舟は交渉を成功させ、西郷は江戸城引渡しと引き換えに、慶喜の助命を認めた。

　会談は何度か行われたが、最後の会談は3月9日のこと。勝の会談の4日ほど前には、すでに無血開城の大筋は決まっていたことになる。なお、鉄舟は勝の命令で派遣されたという説もあるが、これは勝本人が『氷川清話』の中で「初対面だった」と否定している。

徳川慶喜に仕えた幕臣・山岡鉄舟

▼自分ひとりの手柄として喧伝

　では、江戸城で勝と西郷が会ったのはなぜか？　それは最後の確認作業をするためである。駿府で合意したとはいえ、正式な決定がない以上、立場のある幕臣と調整を進めなければならない。そこで勝が調整役となったというわけだ。

　これが勝ひとりの手柄として広まったのは、**勝が自分の功績として喧伝した**からである。西南戦争で西郷が死ぬと、勝は明治14年（1881）に「江戸の総攻撃中止は自分が主導した」との報告書を、勲章・褒賞などを所管する賞勲局（しょうくんきょく）に提出したのだ。これにより、江戸無血開城は勝の功績として語られることになった。

　なお、実際に西郷と交渉した鉄舟は、勝と競合するのを嫌ってか、賞勲局に報告書を提出していない。

35 マッカーサーにまつわるウソ

通説 マッカーサーの温情で天皇制は存続した

真相 マッカーサーに決定権はなかった

▼マッカーサーに決定権はない

戦前において、天皇は元首であると同時に、軍部を統率する立場にあった。そのため、天皇は終戦後に戦争責任を問われる可能性があった。事実、ソ連やイギリス、アメリカは厳罰を主張していた。

そんな状況をくつがえしたとされてきたのが、日本の占領政策の責任者となった、連合国軍総司令部（ＧＨＱ）最高司令官**ダグラス・マッカーサー**だ。

昭和20年（１９４５）９月27日、マッカーサーはアメリカ大使館において、昭和天皇と初めて会談した。このとき、昭和天皇が「戦争の全責任は自分にある」と発言したことに、マッカーサーは心を打たれた。そこで戦争犯罪者を裁く東京裁判で、天皇を起訴しないことを決定。翌年１月に陸軍参謀総長アイゼンハワー元帥へ不起訴が妥当だと打電した。こうしてマッカーサーの温情のおかげで、天皇制は存続した――。このようにいわれることがある。

だが、右の言説はすでに否定されている。会談でマッカーサーが昭和天皇に好感を抱いたのは、事実だと言われている。しかしそもそも、ＧＨＱはポツダム宣言に基づいた占領政策を日本政府に実施させる機関であり、**マッカーサーに国家元首の行方を独断で決める権限はなかった**。決定権は議会と大統領が持っていたのである。

▼戦前からあった存続論

実は、**アメリカは終戦前から天皇制存続の立場をとっていた**。

アメリカ政府は、開戦初期から天皇制の

存続に関する議論を始めていた。１９４２年には国務省が具体的に検討。このときは廃止論者が優勢だった。だが、１９４３年になると存続論が優勢となり、国務省は改革を前提に天皇制を存続させる方針にシフトしたのだ。

ただし、**天皇制の存続が正式に決まるのは、戦後**のことである。１９４４年２月に設置された戦後委員会では存続論が踏襲されたものの、連合国内では天皇制廃絶を主張するソ連のような国が少なくなかったし、アメリカ世論も天皇の処罰を望んでいた。１９４５年６月にギャラップ社が実施した調査によると、天皇の処罰を望む声は約60％強。うち約36％が死罪にすべきと答えた。天皇の不起訴を明言すれば、批判が殺到することは容易に想像できた。

戦中から天皇制存続を主張したジョセフ・グルー国務次官

▼存続論に傾く国務省

終戦後、アメリカは天皇制存続を正式に決定する。連合国の中心的存在になったアメリカの主張を、日本の占領政策の最高決定機関である極東委員会も容認した。

存続論がとられたのは、**日本の統治を安定させるため**である。天皇は民衆から絶大な支持を集めており、１９４５年12月に世論調査研究所が行った天皇制の是非に関する調査では、**90％近くの日本国民が存続を支持**していた。そうした状況下で昭和天皇の処罰を強行すれば、日本国民はアメリカに激しい憎悪を募らせるだろう。元日本軍人が蜂起する可能性もある。そこで政治権力ときりはなしたうえで、天皇制を維持することに決まったのである。

世論に配慮して天皇制については明言すべきでないとしていたジェームズ・バーンズ国務長官

なお、国務省下にある参謀本部は、マッカーサーに天皇の戦争犯罪に関する情報収集を命令すると同時に、訴追への意見を求めていた。１９４５年11月のことである。マッカーサーは安定した統治が必要だと考え、不起訴を主張している。この意見も国務省は参考にしたのだろう。ただし、戦前から国務省は存続論にメリットを見出していたから、マッカーサーの意見が決定打になったとは考えにくい。

1945年９月27日、アメリカ大使館にて会談したマッカーサーと昭和天皇。1946年４月８日の参与検察官会議でオーストラリアのマンスフィールド検察官が天皇起訴を主張したが、アメリカのキーナン首席検察官はこれを棄却したことで、東京裁判の証言台に昭和天皇が立つことはなくなった

※本書は、弊社刊行の以下の書籍をもとに作成しました。
『最新研究でここまでわかった　太平洋戦争　通説のウソ』
『最新研究でここまでわかった　日本史　通説のウソ』
『最新研究でここまでわかった　戦国時代　通説のウソ』
『最新研究でここまでわかった　幕末　通説のウソ』
『最新研究でここまでわかった　江戸時代　通説のウソ』
『最新研究でここまでわかった　天皇家　通説のウソ』
『最新研究でここまでわかった　日本の戦争史　通説のウソ』

見出し肖像図版出典
東京大学史料編纂所所蔵模本：p6,8,10,12,14,40,42,44,46,50,52,54,66,70,74
国会図書館所蔵書籍掲載の写真：p20,22,26,28,34(「絹本著色聖徳太子勝鬘経講讃図」『日本国宝全集』),38(十返舎一九・作／歌川国安・画『弓削道鏡物語』)
東京都立図書館所蔵：p48(大日本名将鑑),72（徳川十五代記略 綱吉公於伝之方を寵愛し給ふ図)
大英博物館所蔵：p68

図解 日本史人物 通説のウソ

2022年7月22日　第一刷

編　者　日本史の謎検証委員会

製　作　オフィステイクオー

発行人　山田有司

発行所　〒170-0005
株式会社　彩図社
東京都豊島区南大塚3-24-4
MTビル
TEL：03-5985-8213　FAX：03-5985-8224

印刷所　シナノ印刷株式会社

URL https://www.saiz.co.jp https://twitter.com/saiz_sha

ISBN978-4-8013-0608-0 C0021